Heidi Stadler

# Erinnerungen bewahren

© 2021, Heidi Stadler
Herstellung und Verlag: BoD – Books on Demand, Norderstedt
ISBN: 9783754331422

# Inhaltsverzeichnis

## 1. Um was es in diesem Buch geht?

„Wenn ein Mensch stirbt, verbrennt eine ganze Bibliothek"

(Afrikanisches Sprichwort)

So besagt ein afrikanisches Sprichwort und es meint:

Wenn ein Mensch stirbt, geht viel Lebenswissen verloren.

Mit „Lebenswissen" sind die Erinnerungen, Erfahrungen, Erkenntnisse sowie das Wissen eines Menschen gemeint.

Ein wichtiges Ziel in diesem Zusammenhang ist es also, dieses Lebenswissen zu bewahren und weiterzugeben.

Dazu gibt es im Rahmen der Biografiearbeit viele verschiedene Möglichkeiten. Zwei davon werden in diesem Buch näher vorgestellt werden: Das Erzählcafé und die Schreibwerkstatt. Darüber hinaus gibt es noch einige Hintergrundinformationen zum Thema Biografiearbeit.

Die praktischen Übungen zu den Themen Erzählcafé und Schreibwerkstatt beabsichtigen Sie, lieber Leser und liebe Leserin, dazu anzuregen, Ihr Lebenswissen damit zu bewahren und weiterzugeben.

Dabei wünsche ich Ihnen viel Freude!

## Wer ist „ich"?

Mein Name ist Heidi Stadler.

Ich interessiere mich sehr für die Lebensgeschichten anderer Menschen. Deshalb beschäftigte ich mich am Ende meines Studiums der Sozialen Arbeit im Rahmen meiner Bachelorarbeit mit dem Thema „Biografiearbeit mit Senioren". Dabei entstand ein Konzept für eine „Mobile Erinnerungswerkstatt", mithilfe deren das Lebenswissen von Senioren_Innen bewahrt und weitergegeben werden kann.

Meine absolvierten Aus-/ Fortbildungen:

- Berufsausbildung als Verwaltungsfachangestellte
- Studium der Sozialen Arbeit (Bachelor of Arts)
- Begleitstudium im Rahmen des Bachelorstudiums Soziale Arbeit „Person- und erfahrungsorientierte Beratung"
- Poesiepädagogin – Anleiterin kreativer Schreibgruppen (Fernstudium bei IKS Berlin)
- absolvierte ILS-Fernlehrgänge: „Journalistin", „Kinder- und Jugendbuchautorin" und „Biografisches Schreiben"

Im Rahmen einer Berufstätigkeit in einem Seniorenheim sammelte ich Erfahrungen in der Durchführung einer Erzählrunde mit biografischen Themen.

## 2. Biografiearbeit

Im folgenden Bereich erhalten Sie Hintergrundinformationen zu den Aspekten

- Biografie und Biografiearbeit,
- Funktionen der Biografiearbeit,
- Wirkung der Biografiearbeit,
- Einsatzfelder und Zielgruppen der Biografiearbeit sowie
- Methoden der Biografiearbeit.


### 2.1.1 Was ist eine „Biografie"?

Das Wort „Biografie" setzt sich aus den griechischen Wörtern „bios" für „leben" und „gráphein" für „schreiben, zeichnen, abbilden, darstellen" zusammen. Somit bedeutet „Biografie" übersetzt ins deutsche „Lebensbeschreibung".

Die „Lebensbeschreibung" meint dabei einen aktiven, gestaltenden Prozess, da die Person, die ihr Leben beschreibt, hierzu reflektiert und selektiert (Hölzle in Hölzle / Jansen, (Hrsg.), 2011, 31).

Meist werden die Begriffe „Biografie" und „Lebenslauf" als gleichbedeutend verwendet, was allerdings bei genauerer Betrachtung nicht passend erscheint. Denn mit „Lebenslauf" sind die Lebensdaten (z. B. Geburtsdatum, Schullaufbahn) eines Menschen gemeint, welche einer zeitlichen Reihenfolge unterliegen. Die „Biografie" umfasst neben diesen Daten auch noch die persönliche Bedeutung dieser für die jeweilige Person (Miethe, 2014, 11ff.).

Bei der Beschäftigung mit der Biografie eines Menschen ist zu beachten, dass die Daten und Fakten mit persönlichen Bedeutungen sowie Erfahrungen zu einer subjektiven Lebensbeschreibung konstruiert wurden. Wichtig ist auch zu wissen, dass die erzählte Beschreibung veränderbar ist. Das bedeutet, dass das, was und wie eine Person über sich erzählt, von ihrer aktuellen Lebenssituation abhängig ist. Biografische Erzählungen enthalten zudem nicht nur persönliche, sondern auch allgemeine Informationen, welche somit für die Gesellschaft von Bedeutung sind. Weiterhin wird die persönliche Biografie auch durch die „große" Geschichte beeinflusst. Letztlich ist zu bedenken, dass die eigene Biografie nicht nur von kognitiven, sondern auch von emotionalen sowie körperlichen Wahrnehmungen geprägt wird (Miethe, 2014, 13ff.).


Es ist bedeutend zu wissen, dass es nicht nur die eine gesamte Biografie gibt, sondern diese auch in einzelne Teilbiografien unterteilbar ist.

So umfasst die *soziale Biografie* die sozialen Beziehungen (z. B. Familie, Freunde) eines Menschen ebenso wie seine Lebensverhältnisse (z. B. materielle Aspekte).

Die *Kulturbiografie* hingegen meint die Auseinandersetzung eines Menschen mit der „großen" Kultur (z. B. Theater, Literatur) sowie seiner Alltagskultur (z. B. Esskultur, Gewohnheiten).

Die *Naturbiografie* umfasst zum einen die Geschichte des eigenen Körpers (z. B. Gesundheit, Sport) und zum anderen die Geschichte der Natur, in der eine Person sich während ihres Alltags oder im Urlaub aufgehalten hat.

Die *Mythenbiografie* beschäftigt sich mit der Geschichte des Glaubens, den Weltanschauungen sowie den Ideologien eines Menschen während seines Lebens.

Die Ergebnisse des formalen sowie informellen Lernens werden in der persönlichen *Lern- und Bildungsbiografie* beschrieben.

Diese bisher genannten Teilbiografien beeinflussen jeden Menschen in kognitiver sowie emotionaler Art ebenso wie sein Verhalten. Somit prägen sie auch die Identität eines Menschen. Sie tragen zur Entwicklung der eigenen Persönlichkeit bei, die von der *Persönlichkeitsbiografie* umfasst wird.

Letztendlich sind Biografien auch im Hinblick auf *geschlechtsspezifische Gesichtspunkte* zu betrachten, also wie das eigene Geschlecht Auswirkungen in gesellschaftlicher, körperlicher sowie sexueller Hinsicht auf die eigene Biografie hat (Klingenberger, 2003, 106ff.).

**Quellen:**

- Hölzle, Christina (2011): „Gegenstand und Funktion von Biografiearbeit im Kontext Sozialer Arbeit", in Hölzle, Christina; Jansen, Irma (Hrsg.) (2011): „Ressourcenorientierte Biografiearbeit. Grundlagen, Zielgruppen, Kreative Methoden.", Wiesbaden: VS Verlag für Sozialwissenschaften
- Klingenberger, Hubert (2003): „Lebensmutig. Vergangenes erinnern. Gegenwärtiges entdecken. Künftiges entwerfen.", München: Don Bosco Verlag
- Miethe, Ingrid (2014): „Biografiearbeit. Lehr- und Handbuch für Studium und Praxis.", Weinheim und Basel: Beltz Juventa

### 2.1.2 Was ist „Biografiearbeit"?

Unter Biografiearbeit ist eine Form der (Selbst-)Reflexion zu verstehen, die als Ausgangspunkt die Arbeit an und mit der Biografie eines Menschen hat (Miethe, 2014, 24). Ihr Ziel ist die „konstruktive Aufarbeitung, Bewältigung und Planung der eigenen Lebensgeschichte" (Hölzle in Hölzle / Jansen (Hrsg.), 2011, 34), um so neue Sichtweisen und Handlungsmöglichkeiten zu erhalten (Miethe, 2014, 24). Dabei bezieht Biografiearbeit die Vergangenheit, die Gegenwart sowie die Zukunft mit ein. Sie berücksichtigt ein ganzheitliches Menschenbild ebenso wie gesellschaftliche und historische Hintergründe, in welche ein Menschenleben eingebettet ist (Miethe, 2014, 24). Biografiearbeit wird organisiert angeleitet in einem professionellem Setting durchgeführt (Miethe, 2014, 24), welches sich überwiegend in pädagogischen sowie psychosozialen Bereichen wiederfindet (Hölzle in Hölzle / Jansen (Hrsg.), 2011, 34).

Ingrid Miethe (Miethe, 2014, 24) und Christina Hölzle (Hölzle in Hölzle / Jansen (Hrsg.), 2011, 34) definieren jeweils, was unter dem Begriff „Biografiearbeit" zu verstehen ist. Dennoch bestehen Überschneidungen mit anderen Arbeitsfeldern, die sich auch mit der Biografie eines Menschen beschäftigen, sodass eine Abgrenzung zu diesen Bereichen nicht einfach ist (Miethe, 2014, 24).

So geht es bei der *Biografieforschung* um das Erforschen von sozialwissenschaftlichen Erkenntnissen auf der Basis von biografischen Interviews, die von den Inhalten her verglichen und in der Regel publiziert werden. Die Biografiearbeit hingegen arbeitet mit dem Menschen an seiner Biografie (Miethe, 2014, 24ff.).

Auch beim *Biografischen Lernen* geht es weniger um die Beschäftigung mit der Biografie eines Menschen, sondern um das Eingliedern von lebensgeschichtlichen Punkten in einen Lernprozess. So kann Biografisches Lernen auch als „biografisch orientierte Didaktik" (Miethe, 2014, 27) bezeichnet werden (Miethe, 2014, 24ff.).

Aufgrund der Gemeinsamkeiten von Biografiearbeit und *Therapie ist* die Abgrenzung zwischen beiden schwierig. Deutlich unterscheidbar sind beide Bereiche in erster Linie nur über ihre Selbstdefinition, also was sie sind oder auch nicht sind (Miethe, 2014, 24ff.).

Biografiearbeit und *Geschichtswissenschaften* verfügen zwar über Berührungspunkte, doch können sie voneinander abgegrenzt werden. Während es bei der *Geschichtswissenschaft* um die Geschichte im Großen geht, beschäftigt sich die Biografiearbeit mit der Geschichte eines einzelnen Menschen (Klingenberger, 2003, 72ff.).

Nach Miethe gilt Biografiearbeit als ein Ansatz, welcher sich unterschiedlichster Methoden bedient (Miethe, 2014, 24; vgl. Ruhe, 2012, 7ff.), sodass in der folgenden Arbeit diese Begriffe entsprechend verwendet werden.

**Quellen:**

- Hölzle, Christina (2011): „Gegenstand und Funktion von Biografiearbeit im Kontext Sozialer Arbeit", in Hölzle, Christina; Jansen, Irma (Hrsg.) (2011): „Ressourcenorientierte Biografiearbeit. Grundlagen, Zielgruppen, Kreative Methoden.", Wiesbaden: VS Verlag für Sozialwissenschaften

- Klingenberger, Hubert (2003): „Lebensmutig. Vergangenes erinnern. Gegenwärtiges entdecken. Künftiges entwerfen.", München: Don Bosco Verlag

- Miethe, Ingrid (2014): „Biografiearbeit. Lehr- und Handbuch für Studium und Praxis.", Weinheim und Basel: Beltz Juventa

- Ruhe, Hans Georg (2012): „Methoden der Biografiearbeit. Lebensspuren entdecken und verstehen.", Weinheim und Basel: Beltz Juventa

## 2.2 Funktionen der Biografiearbeit

Biografiearbeit hat verschiedene Funktionen, wie z. B. die *Identitätsentwicklung sowie Integration von Erfahrungen*. Identität meint das Wissen darüber wer man ist, während die Soziale Identität die Zugehörigkeit zu Gruppen sowie das Eingehen von Beziehungen umfasst. Innerhalb eines Lebens kann es zu biografischen Krisen kommen, welche das Gefühl der Identität beeinträchtigen können. Biografiearbeit kann die Identitätsentwicklung und die Integration von Erfahrungen fördern, indem sie Vergangenheit, Gegenwart und Zukunft strukturiert sowie aufeinander bezieht und die Sinnhaftigkeit des Lebens herausstellt. Dabei ist es wichtig, auch den Selbstwert zu stärken sowie zu erhalten. Je nach Lebensalter sind die entsprechenden Entwicklungsaufgaben und Konflikte zu berücksichtigen. Während im mittleren Erwachsenenalter Menschen einen Beitrag zur Gesellschaft leisten wollen, beschäftigen sich Menschen im höheren Erwachsenenalter mehr mit der Frage nach dem Lebenssinn. Es hat sich dabei als die Identität stärkend sowie stabilisierend herausgestellt, wenn biografische Themen des Einzelnen in einer Gruppe bearbeitet werden, zu der sich dieser zugehörig fühlt (Hölzle in Hölzle / Jansen, 2011, 35ff.).

Weiterhin dient die Biografiearbeit der *Stabilisierung und Hilfe zur Bewältigung*. Sie kann Menschen in Lebenskrisen stabilisieren und sie bei deren Bewältigung unterstützten, indem sie ihnen hilft, ihr persönliches Erleben ohne Bewertung auszusprechen und sich mit dem Ereignis zu beschäftigen. Auch trägt Biografiearbeit dazu bei, sich der eigenen Ressourcen zur Bewältigung sowie bereits früher eingesetzter Bewältigungsstrategien klar zu werden. Dabei ist es wichtig, Kenntnisse von innerpsychischen Regulationsprozessen zu haben, da sie in diesem Zusammenhang von Bedeutung sind. Wird Biografiearbeit in der Gruppe angeboten, so können Menschen voneinander lernen und das von anderen entgegengebrachte Verständnis wirkt entlastend (Hölzle in Hölzle / Jansen, 2011, 39ff.).

Auch die *Aktivierung von Ressourcen* zählt zu den Funktionen der Biografiearbeit. Ressourcen können dabei z. B. Bewältigungsstrategien sein, die bei früheren Problemlösungsprozessen erworben wurden. Ebenso fallen auch Potentiale und positiv formulierte Lebensziele hierunter. Die Ressourcen sollten zuerst im Rahmen der Biografiearbeit mobilisiert und im nächsten Schritt in den Prozess zur Bewältigung von biografischen Herausforderungen integriert werden (Hölzle in Hölzle / Jansen, 2011, 42ff.).

Letztlich hat Biografiearbeit auch die Funktion von *Kontinuität, Sinnfindung und Lebensplanung*. Biografiearbeit verbindet zum einen Vergangenheit, Gegenwart und Zukunft, zum anderen die unterschiedlichen Lebensabschnitte bzw. -erfahrungen sinnhaft miteinander. So können Menschen ihre Biografie akzeptieren sowie Erfahrungen integrieren, worauf letztendlich die Stetigkeit bzw. der Zusammenhang aufbauen. Auch integriert sie dabei individuelle, soziale und historische

Gesichtspunkte. Da sich Werte, Orientierung sowie Möglichkeiten immer wieder verändern, unterstützt Biografiearbeit den Menschen bei der Planung seines Lebens, indem sie den Bezug zu Ressourcen, Fähigkeiten, Beziehungen und Lebenszielen herstellt und so zu sinnhaftem Zusammenhang sowie Sicherheit beiträgt. Letztlich unterstützt diese Funktion auch die Identitätsentwicklung (Hölzle in Hölzle / Jansen, 2011, 47ff.).

Letztlich dient Biografiearbeit nicht nur der Identitätsentwicklung und der Bewältigung von biografischen Herausforderungen, denn durch die Biografische Kommunikation werden gemachte Lebenserfahrungen weitererzählt sowie -gegeben. Dadurch erhalten junge Menschen einen Orientierungsrahmen (Opitz, 1998, 47). Da insbesondere Senioren_Innen die Endlichkeit des Lebens immer mehr bewusst wird, haben sie das Bedürfnis, andere Menschen an ihren Erinnerungen teilhaben zu lassen. So werden durch biografische Erzählungen Lebenswissen, Werte und Traditionen an jüngere Generationen weitergegeben und auch bewahrt (Opitz, 1998, 113ff.).

**Quellen:**

- Hölzle, Christina (2011): „Gegenstand und Funktion von Biografiearbeit im Kontext Sozialer Arbeit", in Hölzle, Christina; Jansen, Irma (Hrsg.) (2011): „Ressourcenorientierte Biografiearbeit. Grundlagen, Zielgruppen, Kreative Methoden.", Wiesbaden: VS Verlag für Sozialwissenschaften
- Opitz, Hanne (1998): „Biographie-Arbeit im Alter", Würzburg: ERGON Verlag

**2.3 Wirkung der Biografiearbeit**

Nach Hölzle besteht derzeit noch keine Theorie als Grundlage für die Biografiearbeit, was zur Folge hat, dass es noch keine empirischen Forschungen über deren Wirkung gibt. Deshalb stellt sie Bezüge zu Theorien, wie die Entwicklungstheorie der Identität von Erik Erikson, her, welche als Ansatzpunkt dienen sollen für einen ersten Entwurf in diese Richtung (Hölzle in Hölzle / Jansen, 2011, 34ff.).

Allerdings beschäftigte sich die KORDIAL-Studie mit der Frage, welche Wirkung Biografiearbeit bei Menschen mit leichtgradiger Demenz haben kann. Dabei wurde herausgefunden, dass durch die Beschäftigung mit der eigenen Biografie die Identität sowie der Selbstwert der Patienten gestärkt wurden (Cramer / Thöne-Otto / Walper / Kurz, 2010, o. S.). In einem solchen Zusammenhang analysierten Hanses und Richter auch die Bedeutung der Selbstthematisierung von Brustkrebspatientinnen innerhalb der medizinischen Praxis. So trafen Patientinnen mit der Diagnose Brustkrebs ihre Entscheidungen für die weitere Behandlungsweise nicht allein auf der Grundlage ärztlichen Wissens, sondern bezogen dabei auch ihr biografisches Wissen mit ein. Der Einbezug von biografischem Wissen sowie die Selbstthematisierung trugen zur Autonomie der

Patientinnen und letztlich zur besseren Bewältigung der Krankheit bei (Hanses / Richter in Oelerich / Otto (Hrsg.), 2011, 148). Im weitesten Sinne könnte dieser Beitrag zur Autonomie auch als Beitrag zur Identitätsentwicklung angesehen werden.

Insbesondere das Ergebnis der KORDIAL-Studie stützt die Aussage, dass sich Biografiearbeit „aus der Notwendigkeit einer gezielten Identitätsentwicklung" begründen lässt (Gudjons / Wagener-Gudjons / Pieper, 2008, 22).

Darüber hinaus ist es aber auch im Rahmen der Gesunderhaltung wichtig, sich mit seiner Biografie auseinanderzusetzen. So beschäftigt sich das Modell der Salutogenese mit den Bedingungen für den Erhalt sowie der Förderung von Gesundheit. Zu diesen gehören zum einen materielle, psychische sowie psychosoziale Ressourcen und körperliche Widerstandskräfte. Zum anderen ist aber auch das Bestehen eines Kohärenzsinns bedeutend, also im eigenen Leben einen Sinn sowie einen Zusammenhang zu finden. Der Kohärenzsinn ist von der Verstehbarkeit, also dem Erkennen eines Zusammenhangs in der persönlichen Vergangenheit sowie der Ordnung und Verständlichkeit dieser, abhängig. Weiterhin bedarf es der Handhabbarkeit, womit gemeint ist, dass Menschen das Gefühl haben, ihre Lebensaufgaben seien machbar. Und letztlich brauchen Menschen auch lohnenswerte Ziele und Projekte für die Zukunft, also Bedeutsamkeit. Biografiearbeit kann Menschen unterstützen, diese Faktoren zu stärken (Klingenberger, 2003, 76ff.).

**Quellen:**

- Cramer, Barbara; Thöne-Otto, Angelika; Walper, Sabine; Kurz, Alexander (2010): „Biografiearbeit bei leichtgradiger Demenz", online unter: www.qualitative-forschung.de/methodentreffen/archiv/poster/poster.../cramer.pdf, zuletzt eingesehen am 26.10.2017

- Gudjons, Herbert; Wagener-Gudjons, Birgit; Pieper, Marianne (2008): „Auf meinen Spuren. Übungen zur Biografiearbeit", Bad Heilbrunn: Verlag Julius Klinkhardt

- Hanses, Andreas; Richter, Petra (2011): „Die soziale Konstruktion von Krankheit.", in Oelerich, Gertrud; Otto, Hans-Uwe (Hrsg.) (2011): „Empirische Forschung und Soziale Arbeit"; Wiesbaden: VS Verlag für Sozialwissenschaften – Springer Fachmedien

- Hölzle, Christina (2011): „Gegenstand und Funktion von Biografiearbeit im Kontext Sozialer Arbeit", in Hölzle, Christina; Jansen, Irma (Hrsg.) (2011): „Ressourcenorientierte Biografiearbeit. Grundlagen, Zielgruppen, Kreative Methoden.", Wiesbaden: VS Verlag für Sozialwissenschaften

- Klingenberger, Hubert (2003): „Lebensmutig. Vergangenes erinnern. Gegenwärtiges entdecken. Künftiges entwerfen.", München: Don Bosco Verlag

**2.4 Einsatzfelder und Zielgruppen der Biografiearbeit**

Biografiearbeit ist ein Ansatz, der in vielen Einsatzfeldern sowie mit vielen Zielgruppen eingesetzt werden kann.

Als Einsatzfelder für die Biografiearbeit sind *Kindertagesstätten, Schulen* und die *außerschulische Bildung* zu sehen (Ruhe, 2014, 118ff.). Weiterhin macht man sie sich in der *Erwachsenenbildung* (Klingenberger, 2003, 200ff.) und in der *Altenbildung / -arbeit* (Klingenberger, 2003, 202ff.) zu Nutze.

Ebenso wird sie im *sozialpädagogischen Bereich*, z. B. in der Einzelfallarbeit sowie der Gruppenarbeit (Klingenberger, 2003, 204) oder in der Kinder- und Jugendhilfe (Gudjons, Wagener-Gudjons, Pieper, 2008, 30ff.) verwendet.

Auch wird sie in der *Therapie* zur Bearbeitung von psychischen Leiden, z. B. bei der Arbeit mit Flüchtlingen (Ruhe, 2014, 122) eingesetzt. Weiterhin nutzt die *Beratung* Biografiearbeit, z. B. bei der Paarberatung (Ruhe, 2014, 123) oder bei der Lebenswegberatung (Klingenberger, 2003, 204ff.).


Im Hinblick auf die Zielgruppen wird Biografiearbeit in der Arbeit mit *Kindern und Jugendlichen,* insbesondere zur Persönlichkeitsentwicklung, durchgeführt (Klingenberger, 2003, 199). Sie wird z. B. auch in der Arbeit mit Adoptiv- und Pflegekindern (Wiemann in Hölzle / Jansen, 2011, 108ff.) verwendet.

Eine weitere Zielgruppe sind *Erwachsene* (Klingenberger, 2003, 200ff.), u. a. zur Unterstützung bei der Gestaltung und Bewältigung des persönlichen Lebens, wie z. B. bei einem Projektstudienangebot mit studierenden Migranten_Innen (Bauer in Hölzle / Jansen, 2011, 209ff.). Das genannte Beispiel macht deutlich, dass auch *Menschen mit Migrationshintergrund,* unabhängig von ihrem Lebensalter eine potentielle Zielgruppe der Biografiearbeit (Ruhe, 2014, 123ff.) sind.

In der Arbeit mit *Menschen mit Behinderung* wird der Ansatz eingesetzt zur Persönlichkeitsentwicklung (Klingenberger, 2003, 204) und um als Pflege- sowie Betreuungspersonal wichtiges Wissen über die Person mit Behinderung zu erhalten (Ruhe, 2014, 125ff.).

Als weitere Zielgruppe sind *Senioren_Innen* zu nennen. Für diese Gruppe ist die Biografiearbeit z. B. für die Persönlichkeitsentwicklung (Klingenberger, 2003, 202ff.), im Pflegealltag (Klingenberger, 2003, 206ff.) und da insbesondere bei Demenzerkrankung von großer Bedeutung (Wickel in Hölzle / Jansen, 2011, 254ff.). Aber auch die Weitergabe von und der Austausch über Erfahrungen und Wissen (Miethe, 2014, 103) sowie die Begegnung mit anderen Generationen (Klingenberger, 2003, 71ff.), sind wichtige Berührungspunkte der Zielgruppe Senioren_Innen mit dem Ansatz Biografiearbeit. Dabei wird als Kontext insbesondere die *Erwachsenen-* bzw. *Altenbildung* (Klingenberger, 2003, 200ff., 202ff.) sowie der *Pflegealltag* genutzt (Klingenberger, 2003, 206ff.).

**Quellen:**

- Bauer, Brigitte (2011): „Das narrative Interview als Weg zum biografischen Verstehen studierender MigrantInnen am Beispiel eines Projektstudienangebots", in Hölzle, Christina; Jansen, Irma (Hrsg.) (2011): „Ressourcenorientierte Biografiearbeit. Grundlagen, Zielgruppen, Kreative Methoden.", Wiesbaden: VS Verlag für Sozialwissenschaften

- Gudjons, Herbert; Wagener-Gudjons, Birgit; Pieper, Marianne (2008): „Auf meinen Spuren. Übungen zur Biografiearbeit", Bad Heilbrunn: Verlag Julius Klinkhardt

- Klingenberger, Hubert (2003): „Lebensmutig. Vergangenes erinnern. Gegenwärtiges entdecken. Künftiges entwerfen.", München: Don Bosco Verlag

- Miethe, Ingrid (2014): „Biografiearbeit. Lehr- und Handbuch für Studium und Praxis.", Weinheim und Basel: Beltz Juventa

- Ruhe, Hans Georg (2014): „Praxishandbuch Biografiearbeit. Methoden, Themen und Felder.", Weinheim und Basel: Beltz Juventa

- Wickel, Hans Hermann (2011): „Biografiearbeit mit dementiell erkrankten Menschen", in Hölzle, Christina; Jansen, Irma (Hrsg.) (2011): „Ressourcenorientierte Biografiearbeit. Grundlagen, Zielgruppen, Kreative Methoden.", Wiesbaden: VS Verlag für Sozialwissenschaften

- Wiemann, Irmela (2011): „Biografiearbeit mit Adoptiv- und Pflegekindern", in Hölzle, Christina; Jansen, Irma (Hrsg.) (2011): „Ressourcenorientierte Biografiearbeit. Grundlagen, Zielgruppen, Kreative Methoden.", Wiesbaden: VS Verlag für Sozialwissenschaften

## 2.5 Methoden der Biografiearbeit

Beim Einsatz von Biografiearbeit kann man sich verschiedenster Methoden bedienen. Im ersten Schritt sollen hier nun allgemein einige Methoden genannt werden, während im Anschluss die Methoden *Autobiografisches Schreibverfahren* sowie das *Erzählcafé* näher vorgestellt werden.

In der Biografiearbeit verwendet man *Narrative Methoden (z. B.* Erzählungen über die Lebensgeschichte). Im Gegensatz dazu stehen *kreative Methoden* (z. B. malen, basteln), welche manchen Menschen aufgrund des geringeren Spracheinsatzes mehr liegen. Auch *Körper- und Sinnesmethoden* (z. B. Tanz, Bewegung) können Erinnerungen, welche im Körpergedächtnis eingespeichert sind, wieder ins Bewusstsein holen. *Meditative und assoziative Verfahren* umfassen z. B. Fantasiereisen und dienen dem Anregen von Erinnerung auf unbewusster Ebene. Weiterhin kann auch der *Einbezug von Medien* (z. B. Fotos, Gegenstände) stattfinden, elche als Anregung zur Erinnerung dienen. *Visualisierende Methoden* meinen die optische oder grafische Darstellung von Biografien (z. B. Genogramm), womit Zusammenhänge bewusster werden. *Rollenspiele und Aufstellungsarbeit* (z. B. eine Art Familienstellen) nutzt man, um Konstellationen im Familienbereich sicht- und bearbeitbar zu machen. Die Methode *Lernen am Modell* regt an, die eigene Biografie mit einer Fremdbiografie im Hinblick auf bestimmte Themen zu vergleichen. Weiterhin können auch speziell entwickelte *Würfel- und Kartenspiele* (z. B. Vertellekes) eingesetzt werden, welche Gemeinschaftserleben sowie auch kognitive Übungen ermöglichen (Miethe, 2014, 42ff.).

Im Rahmen von *Autobiografischen Schreibverfahren* wird die eigene Lebensgeschichte als Ganzes oder auch nur Teile davon aufgeschrieben. Häufig findet der Schreibprozess innerhalb einer Gruppe statt, in welcher auch Impulse zu Themen gegeben werden können und man sich des „kreativen Schreibens" bedient. Die schreibende Person entscheidet letztlich selbst, inwieweit sie die Texte nur für sich geschrieben hat oder auch andere Menschen an diesen teilhaben lässt. So kann ein Lebensbuch entstehen, welches nur für die Familie gedacht ist (Miethe, 2014, 42). Oder die Texte können auch veröffentlicht werden (Ruhe, 2014, 213). Durch das Aufschreiben wird das persönliche Lebenswissen vor dem Vergessen bewahrt (Dahlemann in Sautter (Hg.), 2004, 57ff.).

In *Erzählcafés* treffen sich Menschen, um sich über ihre persönlichen Erfahrungen und Erinnerungen zu einem geschichtlichen Thema auszutauschen. Dabei besteht zum einen die Möglichkeit, dass ein eingeladener Zeitzeuge hierzu berichtet und die anwesenden Gäste im Anschluss Fragen stellen oder auch Persönliches mitteilen können. Oder eine Gruppe von Menschen tauscht sich, angeleitet durch eine Gruppenleitung, über ihre mit dem Thema verbundenen Erinnerungen aus bzw. erzählen darüber. Somit dienen Erzählcafés als Begegnungsorte für Menschen, sie fördern die Beziehung zwischen den Anwesenden und das Erzählen sowie das Zuhören. Und letztendlich dienen sie auch der Persönlichkeitsentwicklung, da sie einen Beitrag dazu leisten, gemachte Erfahrungen in die eigene Persönlichkeit zu integrieren (Hense, 2016, 20ff.).

**Quellen:**
- Dahlemann, Petra (2004): „Grundlagen. Wozu biografisch arbeiten? Schreiben in der Gruppe", in Sautter, Sabine (Hg) – Evangelisches Bildungswerk München (EBW) (2004): „Leben erinnern. Biografiearbeit mit Älteren", Neu-Ulm: AG SPAK Bücher
- Hense, Margarita (2016), „Das Erzählcafé. Themen und Ideen für lebendiges Erinnern und Gedächtnistraining mit Senioren.", München: Don Bosco Medien GmbH
- Miethe, Ingrid (2014): „Biografiearbeit. Lehr- und Handbuch für Studium und Praxis.", Weinheim und Basel: Beltz Juventa
- Ruhe, Hans Georg (2014): „Praxishandbuch Biografiearbeit. Methoden, Themen und Felder.", Weinheim und Basel: Beltz Juventa

## 3. Das Erzählcafé

Herzlich willkommen im Erzählcafé!

Im Erzählcafé erhalten Sie nun anregende Texte zu biografischen Themen. Mit diesen möchte ich Sie dazu anregen, über das jeweilige Thema und die entsprechend dazu gestellten Fragen nachzudenken, nachzuspüren, sich zu erinnern …

Und letztlich hoffe ich, dass Sie diese Erinnerungen nicht nur für sich behalten, sondern sie an Menschen, die Ihnen wichtig sind, weitererzählen und -geben.

Darüber hinaus können Sie Ihre Erinnerungen auch niederschreiben und so vor dem Vergessen bewahren sowie in dieser Form weitergeben.

Die Themen und Fragen sind als Anregung gedacht und können auch, je nach Bedürfnis, angepasst werden.

Ihnen steht es also frei, ob Sie

- alle oder nur einzelne Fragen beantworten,
- einzelne Fragen weglassen und dafür andere mit aufnehmen (also austauschen),
- oder die Fragen nach Ihrem eigenen Empfinden abwandeln.

Dies können Sie so vornehmen, wie es sich für Sie am besten und stimmigsten anfühlt.

Und nun wünsche ich Ihnen eine erinnerungsvolle Zeit!

## 3.1 Erzählcafé „Jahreszeiten und Natur"

Herzlich willkommen im Erzählcafé!

Schön, dass Sie sich die Zeit nehmen und sich vom Thema, dem Text und den Fragen anregen sowie erinnern lassen!

Heute beschäftigen wir uns mit den Jahreszeiten sowie der Natur!

Frühling, Sommer, Herbst und Winter: So heißen die vier Jahreszeiten und jede von ihnen hat ihren ganz besonderen Reiz. Sei es das Frühjahr, dass die Zeit des Pflanzens und des Aufbruchs ist. Der Sommer, die Zeit des Reifens und des Pflegens sowie vieler Feste. Gefolgt vom Herbst, der das Ernten und den Erntedank mit sich bringt. Der Winter hingegen stellt eine Zeit der Pause dar – in der Natur wie auch im gesellschaftlichen Leben.

Die Natur selbst hat zu jeder Jahreszeit ihre schönen Seiten. Viele Menschen sind aus verschiedensten Gründen in der Natur aktiv, sei es aus beruflichen Gründen, im Rahmen von sportlichen oder gärtnerischen Aktivitäten. Und manch einer, weil er die Natur einfach liebt.

Und nun wende ich mich mit meinen Fragen an Sie, liebe Leser,: Wie ist das bei Ihnen?

**Fragen:**

- Welche Jahreszeit ist Ihnen die liebste? Und wieso?
- Was verbinden Sie mit den Jahreszeiten für Sitten und Gebräuche sowie Feste?
- Welche Sportarten sowie Hobbys können Sie in den jeweiligen Jahreszeiten ausüben?
- Haben Sie selbst einen Garten? Inwieweit pflegen Sie diesen? Was wächst dort?
- Welche Tätigkeiten im Garten gibt es in den jeweiligen Jahreszeiten?
- Haben Sie einen „grünen Daumen"?
- Bewegen Sie sich gerne in der Natur? Halten Sie sich gerne in der Natur auf?
- Was empfinden Sie in der Natur?
- Was bedeutet Ihnen die Natur?
- Können Sie zwischen dem Lauf der Jahreszeiten und Ihrem eigenen Leben Vergleiche ziehen oder gar Verbindungen herstellen?

Ich wünsche Ihnen nun beim Erinnern, Erzählen oder Aufschreiben viel Freude!

Bis zum nächsten Erzählcafé! Und bis dahin Ihnen alles Gute!

**Quellen:**

- Hense, Margarita (2016): „Das Erzählcafé. Themen und Ideen für lebendiges Erinnern und Gedächtnistraining mit Senioren.", S. 124ff und S. 133ff, München: Don Bosco Medien GmbH;
- Hense, Margarita (2018): „Lichtspielhaus und Liebestöter. Heiteres Gedächtnistraining in Seniorengruppen.", München: Don Bosco Medien GmbH;
- Kobler, Norbert (2016): „Lebensspuren. Erzählkarten für Biografiearbeit, Gedächtnistraining und Erzählcafés"; München: Don Bosco Medien GmbH;

### 3.2 Erzählcafé zum Thema „Von Märchen, Sagen, Legenden und Geistern"

Herzlich willkommen zu unserem heutigen Erzählcafé!

Schön, dass Sie wieder mit dabei sind!

Heute wird es bei uns, was das Thema anbelangt, sagenhaft und geheimnisvoll. Denn jeder von uns hat im Laufe seines Lebens schon Märchen, Sagen, Legenden oder sonstige Geschichten über Geister gehört oder gelesen.

Egal, ob „Schneewittchen" oder „Die Gänsehirtin am Brunnen" - jedes dieser Märchen regt zum Träumen an und hat seine eigene Bedeutung.

Sagen, Legenden oder auch Geistergeschichten lassen uns hingegen eher erschaudern. Denn „weiße Frauen", „Reiter ohne Kopf" oder „Bierpantscher", die ihre Strafe nach dem Tod noch abbüßen müssen, regen unsere Phantasie ebenso an, wie alte Gebäude und Gemäuer. Solche Sagen und Legenden gibt es in jeder Region und manche davon sind sich auch recht ähnlich.

Und dann gibt es auch noch manche übersinnliche Geschichte, die mit dem Verstand nicht recht zu erklären ist.

Und nun bin ich gespannt, was Ihnen dazu einfällt!

**Fragen:**
- Welches ist Ihr Lieblingsmärchen und wieso?
- Welches Märchen gefällt Ihnen gar nicht? Und wieso?
- Welche Märchen bewegen Sie noch in irgendeiner Art und Weise?
- Welche Märchen lasen Ihnen Ihre Eltern vor? Wenn Sie Kinder oder Enkel haben: Welche Märchen lasen Sie ihnen vor?
- Welche Sagen gibt es in Ihrer Region? Welche kennen Sie darüber hinaus noch? Um was geht es in ihnen?
- Was bedeuten Ihnen Märchen, Legenden, Sagen oder Geistergeschichten?
- Welche Bedeutung haben solche Geschichten aus Ihrer Sicht für die Gesellschaft und allgemein?
- Inwieweit können Sie sich vorstellen, dass in diesen Geschichten auch ein Körnchen Wahrheit steckt?
- Welche Sage, Legende oder Geistergeschichte beeindrucken Sie besonders und wieso?
- Welche Geschichten über eine übersinnliche Situation kennen Sie?

Ich wünsche Ihnen nun beim Erinnern, Erzählen oder Aufschreiben viel Freude!
Ihnen alles Gute und bis zum nächsten Erzählcafé!

**Quellen:**
- Hense, Margarita (2016): „Das Erzählcafé. Themen und Ideen für lebendiges Erinnern und Gedächtnistraining mit Senioren.", S. 146ff, München: Don Bosco Medien GmbH;
- Hense, Margarita (2018): „Lichtspielhaus und Liebestöter. Heiteres Gedächtnistraining in Seniorengruppen.", München: Don Bosco Medien GmbH;

- Kobler, Norbert (2016): „Lebensspuren. Erzählkarten für Biografiearbeit, Gedächtnistraining und Erzählcafés"; München: Don Bosco Medien GmbH;

### 3.3 Erzählcafé zum Thema „Vergessenes, Verschwundenes"

Herzlich willkommen zum heutigen Erzählcafé!

Ich freue mich, dass Sie wieder mit von der Partie sind!

Im Laufe der letzten Jahrzehnte gab es viele Veränderungen. Und solche Veränderungen führten zum Beispiel dazu, dass Berufe verschwunden oder ausgestorben sind, da man sie nicht mehr brauchte. Auch Wörter sind in Vergessenheit geraten und so rätseln jüngere Generationen über deren Bedeutung. Des Weiteren veränderten sich auch Sitten und Bräuche im Laufe der Zeit. Und so wissen nicht mehr viele, was es zum Beispiel mit den Liebesmaien auf sich hat, die in der Walpurgisnacht vor die Tür der Liebsten gestellt werden. Und letztlich gibt es auch Orte, die nicht mehr genutzt werden und somit verlassen worden sind.

Heute wollen wir uns an solch Vergessenes oder Verschwundenes erinnern. Ich bin gespannt, was Ihnen alles dazu einfällt!

**Fragen:**
- An welche Berufe erinnern Sie sich noch, die in den letzten Jahren verschwunden sind? Was wissen Sie über diese?
- Welche Sitten oder Bräuche gab es früher, die mittlerweile nicht mehr gelebt werden?
- Welche Wörter sind zwischenzeitlich in Vergessenheit geraten und was bedeuten sie?
- An welche verschwundenen, vergessenen Orte können Sie sich noch erinnern? Welche Orte sind verlassen worden? Was wissen Sie über diese?
- Welche Gegenstände sind in Vergessenheit geraten?
- Welche Werte oder Normen oder Regeln sind im Laufe Ihres Lebens verschwunden? Inwieweit bedauern Sie das? Gibt es vielleicht auch Werte, Normen oder Regeln, über die Sie froh sind, dass sie sich im Laufe der Zeit verloren haben?
- Was ist ansonsten vergessen, verschwunden oder verlassen worden?

Ich wünsche Ihnen nun beim Erinnern, Erzählen und/oder Aufschreiben viel Freude!

Ihnen alles Gute und bis zum nächsten Erzählcafé!

**Quellen:**
- Hense, Margarita (2016): „Das Erzählcafé. Themen und Ideen für lebendiges Erinnern und

Gedächtnistraining mit Senioren.", S. 51ff, München: Don Bosco Medien GmbH;

- Hense, Margarita (2018): „Lichtspielhaus und Liebestöter. Heiteres Gedächtnistraining in Seniorengruppen.", München: Don Bosco Medien GmbH;
- Kobler, Norbert (2016): „Lebensspuren. Erzählkarten für Biografiearbeit, Gedächtnistraining und Erzählcafés"; München: Don Bosco Medien GmbH;

## 3.4 Erzählcafé zum Thema „Beruf"

Herzlich willkommen zu unserem heutigen Erzählcafé!

Schön, dass Sie wieder mit dabei sind!

Unser Thema heute lautet „Beruf". Es ist ein Thema, das die meisten von uns über viele Jahre beschäftigt und begleitet. Für den Einen ist sein Beruf auch Berufung, für den Anderen einfach nur der Broterwerb. Und so verbindet jeder damit unterschiedliche Erinnerungen, Gefühle oder Anschauungen. Und diese wollen wir uns heute näher ansehen.

**Fragen:**

- Welche(n) Beruf(e) haben Sie erlernt bzw. ausgeübt?
- Wer hat bestimmt, welchen Beruf Sie nach der Schule erlernen? Die Eltern oder Sie selbst?
- Übten Sie Ihren Beruf gerne aus?
- Was wäre oder war Ihr Traumberuf (gewesen)?
- Waren Sie mit Ihren beruflichen Möglichkeiten zufrieden?
- Wie zufrieden waren Sie mit der Bezahlung?
- Wie sah ein typischer Arbeitstag für Sie aus?
- Mussten Sie Schichtdienst arbeiten? Oder hatten Sie nur Tagesdienst?
- Wie kamen Sie mit Ihren Berufskollegen/-kolleginnen aus?
- Wie war das Verhältnis zum Vorgesetzten?
- Haben Sie sich im Personalrat engagiert?
- Gab es auch einen Betriebsausflug?
- Inwieweit gab es berufliche Vorbilder für Sie?
- Wie konnten Sie als Frau Beruf und Haushalt sowie die Familie unter einen Hut bringen?
- Haben Sie Ihren Beruf als stressig empfunden? Wenn ja, warum?
- Wie wichtig ist Ihnen eine gute Berufsausbildung?
- Wie wichtig war Ihnen die berufliche Karriere?
- War Ihr Beruf für Sie auch eine Berufung?

- Inwieweit möchten Sie über Ihre(n) Arbeitgeber etwas erzählen?

Ich wünsche Ihnen nun beim Erinnern, Erzählen und/oder Aufschreiben viel Freude!
Ihnen alles Gute und bis zum nächsten Erzählcafé!

**Quellen:**
- Hense, Margarita (2016): „Das Erzählcafé. Themen und Ideen für lebendiges Erinnern und Gedächtnistraining mit Senioren.", München: Don Bosco Medien GmbH;
- Hense, Margarita (2018): „Lichtspielhaus und Liebestöter. Heiteres Gedächtnistraining in Seniorengruppen.", München: Don Bosco Medien GmbH;
- Kobler, Norbert (2016): „Lebensspuren. Erzählkarten für Biografiearbeit, Gedächtnistraining und Erzählcafés"; München: Don Bosco Medien GmbH;

### 3.5 Erzählcafé zum Thema „Schule"

Herzlich willkommen im Erzählcafé, heute mit dem Thema „Schule"!
Schön, dass Sie wieder mit dabei sind!

Für manche Menschen ist die Schule mit negativen Erinnerungen sowie Gefühlen verbunden. Andere hingegen denken immer wieder gerne an die Schulzeit zurück. Diese Erinnerungen sind zudem mit Menschen verbunden, wie den Lehrern_Innen oder den Schulkameraden_Innen. Aber auch zum Beispiel Anekdoten oder Schulgegenstände sowie besondere Ereignisse fallen einem bei genauerer Betrachtung wieder ein. Und letztlich wurde jeder von uns während seiner Schulzeit in verschiedenster Hinsicht geprägt.
Ich bin gespannt darauf, wie das bei Ihnen war.

**Fragen:**
- Wo sind Sie in die Schule gegangen?
- Auf welche Schulen sind Sie gegangen?
- Wie war Ihr erster Schultag?
- Hatten Sie einen weiten Schulweg?
- Was für ein Pausenbrot haben Sie mit in die Schule bekommen?
- Welches Kind aus Ihrer Straße war in Ihrer Schule oder sogar in der gleichen Klasse?
- Wer waren Ihre Schulkameraden? Gab es auch eine „beste" Schulfreundin / einen „besten" Schulfreund?
- Wie haben Sie Ihre Schulzeit empfunden?

- Waren Sie eine gute Schülerin / ein guter Schüler?
- Sind Sie gerne in die Schule gegangen? Und wieso?
- Was waren Ihre Lieblingsfächer?
- Wer war Ihre Lieblingslehrerin / Ihr Lieblingslehrer?
- Haben Sie Ausflüge mit der Schule unternommen? Wenn ja: wohin?
- Wo führten Ihre Wandertage hin?
- Was haben Sie für sich aus der Schulzeit mitgenommen?
- Wie wichtig ist Ihnen eine gute Schulausbildung?
- Wie streng waren Ihre Eltern im Hinblick auf die Schule?

Ich wünsche Ihnen nun beim Erinnern, Erzählen und/oder Aufschreiben viel Freude!
Ihnen alles Gute und bis zum nächsten Erzählcafé!

**Quellen:**
- Hense, Margarita (2016): „Das Erzählcafé. Themen und Ideen für lebendiges Erinnern und Gedächtnistraining mit Senioren.", S. 52ff, München: Don Bosco Medien GmbH;
- Hense, Margarita (2018): „Lichtspielhaus und Liebestöter. Heiteres Gedächtnistraining in Seniorengruppen.", München: Don Bosco Medien GmbH;
- Kobler, Norbert (2016): „Lebensspuren. Erzählkarten für Biografiearbeit, Gedächtnistraining und Erzählcafés"; München: Don Bosco Medien GmbH;

**3.6 Erzählcafé zum Thema „Meine Familie und ihre Geschichte"**
Herzlich willkommen zu unserem heutigen Erzählcafé!
Ich freue mich, dass Sie wieder mit dabei sind!

Dieses Mal beschäftigen wir uns mit dem Thema „Meine Familie und ihre Geschichte".
Im Laufe unseres Lebens beeinflussen uns in unserer persönlichen Entwicklung viele verschiedene Menschen. Zu diesen Menschen gehören in erster Linie Personen aus unserer Familie, also unsere Eltern, Großeltern sowie Geschwister. Wenn wir uns mit unseren nächsten Familienangehörigen beschäftigen, überlegen wir auch, was sie für eine Persönlichkeit waren oder sind; wie wir sie erlebt haben; welche Eigenschaften, Fähigkeiten und Fertigkeiten sie hatten und welche wir an ihnen geschätzt haben. Die Erinnerung an unsere Familie trägt dazu bei, dass wir uns mit unseren familiären Wurzeln und unserer Familiengeschichte beschäftigen und uns damit auseinandersetzen, welche Bedeutung sie für unser Leben haben.
Wie war das nun bei Ihnen?

**Fragen:**

- Wer gehörte alles zu Ihrer Familie?
- Woher stammt Ihre Familie?
- Wie haben Ihre Familienmitglieder ausgesehen?
- Welche Eigenschaften oder Situationen kommen Ihnen in den Sinn, wenn Sie sich an Familienmitglieder erinnern?
- Was verdanken Sie Ihrer Familie und Ihren Familienmitgliedern? Was haben sie Ihnen für Ihr Leben mitgegeben?
- Hatten Sie ein Lieblings-Familienmitglied? Wer war das? Und wieso?
- Mit wem in Ihrer Familie konnten Sie nicht so gut?
- An welche Erlebnisse mit Familienmitgliedern können Sie sich noch gut erinnern?
- Welche Bedeutung hatten zum Beispiel Ihre Geschwister für Sie und Ihr Leben? Hatten Sie überhaupt Geschwister? Wenn nein: Fehlt Ihnen dadurch etwas?
- Gab es Besonderheiten in Ihrer Familie?
- Gab es in Ihrer Familie auch ein Familiengeheimnis?
- Welche Anekdoten gibt es in Ihrer Familie, die immer wieder erzählt wurden?
- Inwieweit gab es Konflikte in Ihrer Familie? Wie wurde damit umgegangen?
- Haben Sie etwas in Ihrer Familie vermisst?

Ich wünsche Ihnen nun beim Erinnern, Erzählen und/oder Aufschreiben viel Freude!

Ihnen alles Gute und bis zum nächsten Erzählcafé!

**Quelle:**

- Hense, Margarita (2016): „Das Erzählcafé. Themen und Ideen für lebendiges Erinnern und Gedächtnistraining mit Senioren.", S. 33ff, München: Don Bosco Medien GmbH;
- Hense, Margarita (2018): „Lichtspielhaus und Liebestöter. Heiteres Gedächtnistraining in Seniorengruppen.", München: Don Bosco Medien GmbH;
- Kobler, Norbert (2016): „Lebensspuren. Erzählkarten für Biografiearbeit, Gedächtnistraining und Erzählcafés"; München: Don Bosco Medien GmbH;

## 3.7 Erzählcafé zum Thema „Meine Kinder- und Jugendzeit"

Herzlich willkommen beim heutigen Erzählcafé!

Schön, dass Sie wieder mit dabei sind!

Heute haben wir das Thema „Meine Kinder- und Jugendzeit".

Wenn wir uns mit unserer Kinder- und Jugendzeit beschäftigen, tauchen viele, fast vergessene Erinnerungen wieder auf. Das können die Freunde von damals sein, Spiele sowie Spielsachen oder -plätze. Ebenso auch kleine Pflichten oder Ausflüge, die wir damals unternommen haben. Vielleicht auch die erste Verliebtheit, der erste Tanz, der erste Kuss … Teilweise erinnern wir uns auch an besondere Menschen, die uns fürs Leben geprägt haben. Solche Personen können zum Beispiel die Lehrer_Innen aus der Schulzeit oder die Berufsausbilder_Innen gewesen sein. Mit diesen Erinnerungen kommen auch die damit verbundenen Gefühle, wie Sicherheit, Geborgenheit, Freude oder vielleicht auch Trauer hoch. Und diese Erinnerungen an die Kinder- und Jugendzeit sind vor allem deshalb so wichtig, da wir anhand von ihnen auch feststellen können, wie uns diese Zeit geprägt hat.

Wenn Sie sich zurück erinnern: Was fällt Ihnen dazu alles ein?

**Fragen:**

- Wie haben Sie Ihre Kindheit und Jugendzeit empfunden?
- Welche Spiele haben Sie allein oder mit Ihren Freunden in der Kinder- und Jugendzeit gespielt?
- Gab es in Ihrer Straße noch andere Kinder, mit denen Sie spielten oder sogar befreundet waren? Wenn ja: Wer waren sie?
- Wer waren Ihre Freunde in der Kinder- und Jugendzeit? Hatten Sie überhaupt Freunde in der Kinder- und Jugendzeit?
- Welche interessanten Plätze zum Spielen gab es in Ihrer Straße?
- Welche Aufgaben haben Sie als Kind oder Jugendlicher von Ihren Eltern zuhause übertragen bekommen?
- Hatten Sie oder einer Ihrer Freunde/ eine Ihrer Freundinnen Haustiere?
- Wie haben Sie das Verhältnis als Kind oder Jugendlicher zu Ihren Eltern empfunden?
- Hatten Sie ein eigenes Kinderzimmer oder mussten Sie es mit einem Familienmitglied teilen?
- Inwieweit gab es für Sie Taschengeld?

Und nun wünsche ich Ihnen beim Erinnern, Erzählen und/oder Aufschreiben viel Freude!
Ihnen alles Gute und bis zum nächsten Erzählcafé!

**Quellen:**

- Hense, Margarita (2016): „Das Erzählcafé. Themen und Ideen für lebendiges Erinnern und Gedächtnistraining mit Senioren.", S. 32ff, S. 42ff, München: Don Bosco Medien GmbH;

- Hense, Margarita (2018): „Lichtspielhaus und Liebestöter. Heiteres Gedächtnistraining in Seniorengruppen.", München: Don Bosco Medien GmbH;
- Kobler, Norbert (2016): „Lebensspuren. Erzählkarten für Biografiearbeit, Gedächtnistraining und Erzählcafés"; München: Don Bosco Medien GmbH;

## 3.8 Erzählcafé zum Thema „Mein Vorname"

Herzlich willkommen zum Erzählcafé!

Ich freue mich, dass Sie wieder mit dabei sind!

Jeder von uns hat ihn: einen Vornamen. Und heute wollen wir uns mit ihm als Thema einmal näher beschäftigen. Auch wenn es einem vielleicht nicht immer bewusst ist, so prägt der Vorname in gewisser Hinsicht auch seinen Träger. Die Namensgeber, meist die Eltern, haben sich bei der Auswahl des Vornamens (oder der Vornamen) für das Kind normalerweise etwas dabei gedacht. Sei es aufgrund der Bedeutung des Namens selbst, weil sie damit eine Familientradition weiter pflegen wollten oder weil er gerade „in" war.

Nur: Wie denkt man selbst über seinen Namen? Und wie geht es Ihnen mit Ihrem Vornamen?

**Fragen:**

- Wie lautet Ihr Vorname? Haben Sie mehrere Vornamen oder nur einen? Wenn Sie mehrere haben: Wie lauten diese?
- Wer hat Ihren Vornamen ausgesucht?
- Welche Bedeutung hat Ihr Vorname? Stammt er von einer heiligen Person und wenn ja, von welcher?
- „Feiern" oder begehen Sie Ihren Namenstag?
- Was verbinden Sie mit Ihrem Vornamen?
- Wird der Vorname in Ihrer Familie von Generation zu Generation weitergegeben?
- Gefällt Ihnen Ihr Vorname? Wenn ja / nein: warum?
- Welcher Vorname hätte Ihnen besser gefallen?
- War oder ist Ihr Vorname ein sogenannter Modename?
- Wenn Sie Kinder haben: Nach welchen Kriterien wählten Sie deren Vornamen aus?

Nun wünsche ich Ihnen beim Erinnern, Erzählen und/oder Aufschreiben viel Freude!

Ihnen alles Gute und bis zum nächsten Erzählcafé!

**Quellen:**

- Hense, Margarita (2016): „Das Erzählcafé. Themen und Ideen für lebendiges Erinnern und Gedächtnistraining mit Senioren.", S. 32ff, 41ff, München: Don Bosco Medien GmbH;
- Hense, Margarita (2018): „Lichtspielhaus und Liebestöter. Heiteres Gedächtnistraining in Seniorengruppen.", München: Don Bosco Medien GmbH;
- Kobler, Norbert (2016): „Lebensspuren. Erzählkarten für Biografiearbeit, Gedächtnistraining und Erzählcafés"; München: Don Bosco Medien GmbH;

### 3.9 Erzählcafé zum Thema „Tagebuch"

Herzlich willkommen im heutigen Erzählcafè!

Ich freue mich, dass Sie wieder mit von der Partie sind!

Manche Menschen schreiben ein Leben lang, manche hingegen gar nicht - nämlich Tagebuch. Heute wollen wir uns mit ihm näher beschäftigen. Denn nicht nur berühmte Persönlichkeiten vertrauen ihre Gedanken, Gefühle und/oder Geheimnisse dem Tagebuch an, sondern auch Menschen wie Sie und ich. Egal, ob das aus Angst vor dem Vergessen geschieht oder weil es ansonsten keinen Menschen gibt, mit dem man über Dinge, die einem umtreiben, sprechen kann – einen guten Grund gibt es meist dafür.

Nun würde es mich interessieren, wie das bei Ihnen ist?

**Fragen:**

- Haben Sie in Ihrem Leben, egal ob in der Kinder- sowie Jugendzeit oder als erwachsene Person, Tagebuch geschrieben?
- Oder schreiben Sie aktuell auch Tagebuch?
- Schreiben oder schrieben Sie regelmäßig? Oder gab es auch für längere Zeit Pausen?
- Was haben Sie alles Ihrem Tagebuch anvertraut?
- Wieso schreiben oder schrieben Sie Tagebuch?
- Durfte jemand Ihr Tagebuch lesen? Und wieso?
- Hat es jemand mal gefunden? Oder haben Sie Ihr Tagebuch immer gut versteckt?
- Inwieweit war für Sie Ihr Tagebuch ein wichtiger Austauschpartner, vielleicht wichtiger als andere Menschen in Ihrem Leben?
- Gab es Dinge, die Sie nur Ihrem Tagebuch anvertraut haben?
- Wenn Sie noch nie Tagebuch geschrieben haben: Können Sie sich vorstellen, Tagebuch zu schreiben? Oder ist das nichts für Sie?

Und nun wünsche ich Ihnen beim Erinnern, Erzählen und/oder Aufschreiben viel Freude!

Ihnen alles Gute und bis zum nächsten Erzählcafé!

**Quellen:**

- Hense, Margarita (2016): „Das Erzählcafé. Themen und Ideen für lebendiges Erinnern und Gedächtnistraining mit Senioren.", München: Don Bosco Medien GmbH;
- Hense, Margarita (2018): „Lichtspielhaus und Liebestöter. Heiteres Gedächtnistraining in Seniorengruppen.", München: Don Bosco Medien GmbH;
- Kobler, Norbert (2016): „Lebensspuren. Erzählkarten für Biografiearbeit, Gedächtnistraining und Erzählcafés"; München: Don Bosco Medien GmbH;

## 3.10 Erzählcafé zum Thema „Glaube und Spiritualität"

Herzlich willkommen zu unserem heutigen Erzählcafé!

Schön, dass Sie wieder mit dabei sind!

Dieses Mal werden wir uns mit dem Thema „Glaube und Spiritualität" auseinandersetzen.

In früheren Zeiten waren der Glaube und die Zugehörigkeit zu einer Religionsgemeinschaft Themen, die um einiges mehr als heute die Menschen und die Gesellschaft prägten. So gehörte der Kirchgang und das Beichten für die meisten Menschen zum Alltag dazu. Ebenso hatten der Herr Pfarrer und seine Meinung noch einen weit höheren Stellenwert als heute. Mittlerweile hat sich in diesem Zusammenhang vieles verändert und so geht zum Beispiel der Einfluss der großen Kirchengemeinschaften zurück. Dennoch bedeutet der Glaube und auch das Thema Spiritualität vielen Menschen noch etwas.

Ich bin gespannt, wie das bei Ihnen selbst ist.

**Fragen:**

- Gehören Sie einer Religionsgemeinschaft an? Wenn ja, welcher?
- Was bedeutet für Sie die Zugehörigkeit zu einer Religionsgemeinschaft?
- Was bedeutet für Sie allgemein der Glaube und die Spiritualität?
- Sind Sie ein gläubiger Mensch? Leben Sie Ihren Glauben im Alltag? Oder gehen Sie nur an hohen Feiertagen in die Kirche?
- Sind Sie ein aktives Mitglied in Ihrer Glaubensgemeinschaft, zum Beispiel als Lektor, Ministrant, im Kirchenchor oder ähnliches?
- Inwieweit hat Ihnen Ihr Glaube in schwierigen Zeiten schon geholfen?
- Gab es auch Momente in Ihrem Leben, in denen Sie an Gott und Ihren Glauben gezweifelt haben?

- Was gibt Ihnen Ihr Glaube?
- Würde Ihnen ohne Ihren Glauben etwas fehlen in Ihrem Leben?
- Wie lebte Ihre Ursprungsfamilie ihren Glauben aus?
- Wie geben Sie Ihren Glauben an Ihre Kinder oder andere Menschen weiter?
- Haben Sie den Eindruck, durch Ihren Glauben oder Ihre Glaubensauslebung von anderen Menschen „belächelt" worden zu sein?

Nun wünsche ich Ihnen beim Erinnern, Erzählen und/oder Aufschreiben viel Freude!
Ihnen alles Gute und bis zum nächsten Erzählcafé!

**Quellen:**
- Hense, Margarita (2016): „Das Erzählcafé. Themen und Ideen für lebendiges Erinnern und Gedächtnistraining mit Senioren.", München: Don Bosco Medien GmbH;
- Hense, Margarita (2018): „Lichtspielhaus und Liebestöter. Heiteres Gedächtnistraining in Seniorengruppen.", München: Don Bosco Medien GmbH;
- Kobler, Norbert (2016): „Lebensspuren. Erzählkarten für Biografiearbeit, Gedächtnistraining und Erzählcafés"; München: Don Bosco Medien GmbH;

### 3.11 Erzählcafé zum Thema „Gesundheit"

Herzlich willkommen zum heutigen Erzählcafé!
Schön, dass Sie wieder mit dabei sind!

Wir beschäftigen uns dieses Mal mit dem Thema Gesundheit.
„Ohne Gesundheit ist alles nichts.", so sagt eine Redewendung. Auch wenn die meisten Menschen ohne größere gesundheitliche Probleme durch ihr Leben schreiten, so gibt es dennoch Momente, in denen man sich damit beschäftigt, egal ob man selbst krank war oder jemand im nahen Umfeld. Und solche Momente beeinflussen einem und die eigene Vorstellung beziehungsweise Meinung über dieses Thema.
Ich bin gespannt, wie Sie dieses Thema sehen!

**Fragen:**
- Waren Sie in Ihrer Kindheit oder Jugend oft krank? Waren Ihre Familienmitglieder oft krank? Welche Krankheiten waren das?
- Wer hat sich um Sie gekümmert, wenn Sie als Kind oder Jugendlicher krank waren?
- Wie war oder ist es für Sie, krank zu sein?

- Wurde offen über Krankheiten gesprochen in Ihrer Familie?
- Was gab es für Krankheiten in Ihrer Familie?
- Gab es häufige bzw. ähnliche Krankheiten oder Todesursachen in Ihrer Familie?
- Was wissen Sie über die Gesundheit Ihrer Eltern?
- Gab es in Ihrer Familie besondere Erkrankungen?
- Welche Erkrankungen gab es allgemein in Ihrer Familie?
- An was sind Ihre nähesten Angehörigen (z. B. Eltern, Kinder, Geschwister, Partner) verstorben?
- Wie ist es heute um Ihre Gesundheit bestellt?
- Was tun Sie für Ihre Gesundheit?
- Was bedeutet für Sie Ihre Gesundheit?
- Inwieweit kümmern Sie sich um Ihre ganzheitliche (Körper, Geist, Seele) Gesundheit? Oder legen Sie nur auf einen der drei einen Schwerpunkt?
- Welchen Stellenwert haben in Ihrer Familie „Hausmittel"? Welche kennen Sie und für was helfen sie?
- Wurde oder wird Gesundheitsvorsorge (Krebsvorsorge, Zahnkontrolle, Augen, etc.) getroffen oder daran teilgenommen?

Nun wünsche ich Ihnen beim Erinnern, Erzählen und/oder Aufschreiben viel Freude!
Ihnen alles Gute und bis zum nächsten Erzählcafé!

**Quellen:**
- Hense, Margarita (2016): „Das Erzählcafé. Themen und Ideen für lebendiges Erinnern und Gedächtnistraining mit Senioren.", München: Don Bosco Medien GmbH;
- Hense, Margarita (2018): „Lichtspielhaus und Liebestöter. Heiteres Gedächtnistraining in Seniorengruppen.", München: Don Bosco Medien GmbH;
- Kobler, Norbert (2016): „Lebensspuren. Erzählkarten für Biografiearbeit, Gedächtnistraining und Erzählcafés"; München: Don Bosco Medien GmbH;

### 3.12 Erzählcafé zum Thema „Essen hält Leib und Seele zusammen"
Herzlich willkommen zu unserem heutigen Erzählcafé!
Ich freue mich, dass Sie wieder mit von der Partie sind!

Dieses Mal geht es um das Thema Essen. Denn „Essen halt Leib und Seele zusammen" - das tut sie heute wie damals. Und auch unsere Ernährung hat sich im Laufe der Zeit sowie des Lebens verändert. Während nach dem Krieg viele Menschen nur das Nötigste hatten oder sogar hungern mussten, leben viele von uns heute im Überfluss. Somit hat sich auch die Bedeutung von Essen verändert, ebenso wie das Angebot an Lebensmitteln, die Lieblingsspeisen sowie die damit verbundenen Einkaufsmöglichkeiten und die Zubereitung der Gerichte.

Wir werden nun in unsere Geschichte zurück gehen und uns daran erinnern, wie das mit dem Essen bei uns früher war, welche Veränderungen es im Laufe der Zeit gegeben hat und was wir damit verbinden.

**Fragen:**

- Was gab es früher bei Ihnen zu essen? Wie sieht Ihr Speiseplan heute aus?
- Was war früher und was ist heute Ihr Lieblingsessen?
- Was haben Sie damals gar nicht gern gegessen? Was essen Sie heute nicht gern?
- Was verbinden Sie mit dem Essen?
- Wo haben Ihre Eltern früher eingekauft?
- Wo haben Sie früher eingekauft? Zum Vergleich: Wo kaufen Sie heute ein?
- Durften Sie als Kind den Speiseplan mitbestimmen?
- Gab beziehungsweise gibt es Speisen oder Nahrungsmittel, die nicht so häufig auf den Tisch kamen oder kommen und somit eine Besonderheit darstellen? Wenn ja, welche waren/sind das?
- Gab oder gibt es Essensrituale (z. B. besondere Speisen an Weihnachten oder Ostern)?
- Wie wurde früher gekocht? Und wie wird das heute gemacht? Was hat sich dabei alles verändert?
- Welche Küchengeräte gab es früher und welche gibt es heute?
- Inwieweit haben Ihre Eltern beziehungsweise haben Sie früher durch Gartenbau und Tierhaltung zur Selbstversorgung beigetragen? Inwieweit haben Sie das beibehalten?
- Wenn Sie oder Ihre Eltern einen Nutzgarten haben oder hatten: Was wurde früher angepflanzt? Was pflanzen Sie jetzt an? Welche Obstbäume stehen in Ihrem Garten?
- Welche Tiere wurden zur Selbstversorgung gehalten? Wer hat diese geschlachtet?

Und nun wünsche ich Ihnen beim Erinnern, Erzählen und/oder Aufschreiben viel Freude!
Ihnen alles Gute und bis zum nächsten Erzählcafé!

**Quellen:**

- Hense, Margarita (2016): „Das Erzählcafé. Themen und Ideen für lebendiges Erinnern und Gedächtnistraining mit Senioren.", S. 115ff, München: Don Bosco Medien GmbH;
- Hense, Margarita (2018): „Lichtspielhaus und Liebestöter. Heiteres Gedächtnistraining in Seniorengruppen.", München: Don Bosco Medien GmbH;

- Kobler, Norbert (2016): „Lebensspuren. Erzählkarten für Biografiearbeit, Gedächtnistraining und Erzählcafés"; München: Don Bosco Medien GmbH;

### 3.13 Erzählcafé zum Thema „Wohnen – damals und heute"

Herzlich willkommen im Erzählcafé!

Schön, dass Sie wieder mit dabei sind!

Wir beschäftigen uns heute mit dem Thema Wohnen.

Das Wohnen ist mit ganz konkreten Orten verbunden, insbesondere mit der Wohnung oder dem Haus unserer Eltern und später mit unseren eigenen vier Wänden. Das Zuhause - ein Ort der Geborgenheit sowie Sicherheit. Und darüber hinaus ein Ort, an dem wir unsere ersten Lebenserfahrungen gemacht haben.

Letztlich verbinden wir damit viele Erinnerungen und diese wollen wir uns näher ansehen.

**Fragen:**

- Aus wie vielen Zimmern bestand Ihre elterliche Wohnung oder das elterliche Haus? Wie ist es nun bei Ihnen?
- An was erinnern Sie sich, wenn Sie an das Zuhause Ihrer Kindheit und Jugend zurückdenken?
- Wer lebte damals noch bei Ihnen in Ihrer Kindheit und Jugend (z. B. Verwandte, Untermieter)?
- Hatten Sie ein eigenes Zimmer? Oder mussten Sie es mit jemanden teilen?
- Wie war die elterliche Wohnung oder das elterliche Haus eingerichtet?
- Fühlten Sie sich in Ihrer elterlichen Wohnung wohl?
- Wie war Ihre Wohngegend? In welchen Wohnviertel lebten Sie?
- Hatten Sie einen Lieblingsplatz in der elterlichen Wohnung, im elterlichen Haus?
- Wie wohnen Sie jetzt?
- Wenn Sie Ihr heutiges Zuhause mit Ihrem elterlichen Zuhause vergleichen: Welche Unterschiede fallen Ihnen auf?

Nun wünsche ich Ihnen beim Erinnern, Erzählen und/oder Aufschreiben viel Freude!

Ihnen alles Gute und bis zum nächsten Erzählcafé!

**Quellen:**

- Hense, Margarita (2016): „Das Erzählcafé. Themen und Ideen für lebendiges Erinnern und

Gedächtnistraining mit Senioren.", S. 41ff, München: Don Bosco Medien GmbH;

- Hense, Margarita (2018): „Lichtspielhaus und Liebestöter. Heiteres Gedächtnistraining in Seniorengruppen.", München: Don Bosco Medien GmbH;
- Kobler, Norbert (2016): „Lebensspuren. Erzählkarten für Biografiearbeit, Gedächtnistraining und Erzählcafés"; München: Don Bosco Medien GmbH;

### 3.14 Erzählcafé zum Thema „Kleider machen Leute"

Herzlich willkommen zu unserem heutigen Erzählcafé!

Ich freue mich, dass Sie wieder mit dabei sind!

Heute geht es um das Thema „Kleider machen Leute".

Manchen Menschen legen ziemlich viel Wert auf ihre Kleidung, manche hingegen eher weniger. Dennoch hat die von uns während der Kinder-, Jugend- und frühen Erwachsenenzeit getragene Kleidung eine Bedeutung für uns und unsere Erinnerungen. So konnte der jeweilige Kleidungsstil für ein bestimmtes Gefühl, einen bestimmten Status oder eine Zugehörigkeit stehen. Aber auch die Unterscheidung von Werk- und Sonntagskleidung machen deutlich, dass Kleidung nicht gleich Kleidung ist. Zudem konnte es in bestimmten Zeiten, wie z. B. nach dem Krieg schwierig sein, passende Kleidung zu bekommen oder das Erhaltene passend zu machen. Die Veränderungen der Kleidung prägten jeden von uns und somit auch unsere Biografie sowie unsere Persönlichkeit, sodass wir uns damit bei den folgenden Fragen beschäftigen wollen.

**Fragen:**

- Welche Kleidung haben Sie früher als Kind, Jugendlicher, junger Erwachsener getragen?
- Welche Kleidung tragen Sie heute?
- Wie sah und sieht diese aus?
  - Woher haben bzw. hatten Sie Ihre Kleidung? Ist sie gekauft, selbst gemacht oder evtl. von
    anderen Menschen vererbt worden?
- Haben Sie Ihre Kleidung selbst genäht oder gestrickt?
- Was war oder ist Ihr Lieblingskleidungsstück?
- Welches Kleidungsstück haben Sie gar nicht gern getragen?
- Hatten Sie früher unterschiedliche Kleidungsstücke für Werktage und Sonn-/Feiertage?
  - Was haben Sie in der Schule, im Beruf bzw. Freizeit getragen? Was hatten Sie an besonderen Festtagen (z. B. Kommunion, Hochzeit) an?
  - Haben Sie als Erwachsener Ihren eigenen Stil entwickelt? Hat sich dieser im Laufe

der Zeit

auch verändert?

- Fühlen Sie sich im Vergleich zu anderen Menschen besser oder schlechter gekleidet?
  - Haben Sie sich von anderen Menschen schon einmal aufgrund Ihrer Kleidung schlecht

behandelt oder falsch eingeschätzt gefühlt?
- Hatten bzw. haben Sie, was Ihre Kleidung anbelangt, Vorbilder?

Nun wünsche ich Ihnen beim Erinnern, Erzählen und/oder Aufschreiben viel Freude!

Ihnen alles Gute und bis zum nächsten Erzählcafé!

**Quellen:**

- Hense, Margarita (2016): „Das Erzählcafé. Themen und Ideen für lebendiges Erinnern und Gedächtnistraining mit Senioren.", S. 89ff, München: Don Bosco Medien GmbH;
- Hense, Margarita (2018): „Lichtspielhaus und Liebestöter. Heiteres Gedächtnistraining in Seniorengruppen.", München: Don Bosco Medien GmbH;
- Kobler, Norbert (2016): „Lebensspuren. Erzählkarten für Biografiearbeit, Gedächtnistraining und Erzählcafés"; München: Don Bosco Medien GmbH;

**3.15 Erzählcafé zum Thema „Reisen und Urlaub"**

Herzlich willkommen zu unserem heutigen Erzählcafé!

Schön, dass Sie wieder mit von der Partie sind!

Unser heutiges Thema lautet „Reisen und Urlaub".

„Wenn einer eine Reise tut, dann kann er was erzählen.". So sagt ein altes Sprichwort und an diesem ist auch etwas wahres dran. Denn irgendetwas kann man meistens über eine Reise oder einen Urlaub erzählen, egal ob im positiven oder negativen Sinne.

Auch wenn wir heute in einer doch recht mobilen Gesellschaft leben, so war das ja nicht immer so. Denn früher waren die Möglichkeiten des Reisens und des Urlaub machens doch eher selten und dadurch etwas sehr besonderes. Und manchmal verbindet man mit einem Reiseort noch lange eine besondere Bedeutung.

So werden wir uns mit den folgenden Fragen zurückerinnern, wie das mit dem Reisen und dem Urlaub bei uns so war:

**Fragen:**

- Was haben Sie in Ihren Urlauben früher gemacht?
- Haben Sie Ihren Urlaub nur zur Erholung genutzt oder auch für Reisen?
- Was bedeutet für Sie Urlaub zu haben?
- Was bedeutet für Sie das Reisen?
- Haben Ihre Eltern mit Ihnen Reisen unternommen? Wohin gingen diese?
- Wann fand Ihre erste Urlaubsreise statt? Wohin führte Sie diese?
- Sind Sie in Ihrem Leben viel gereist?
- Wohin reisen Sie gerne?
- Wo würden Sie gerne (noch) hinreisen?
- Welches Verkehrsmittel nutzen Sie für Reisen (Auto, Zug, Schiff, Flugzeug, zu Fuß)?
- Reisen Sie lieber alleine oder zu zweit oder in der Gruppe?
- Gibt es ein besonderes Erlebnis aus einem früheren Urlaub oder einer früheren Reise?
- An welchen Urlaub oder an welche Reise erinnern Sie sich noch heute gerne und wieso?
- Haben Sie auf einem Ihrer Reisen einen besonderen Ort kennengelernt, einen Ort, der für Sie immer noch eine besondere Bedeutung hat?

Nun wünsche ich Ihnen beim Erinnern, Erzählen und/oder Aufschreiben viel Freude!
Ihnen alles Gute und bis zum nächsten Erzählcafé!

**Quellen:**
- Hense, Margarita (2016): „Das Erzählcafé. Themen und Ideen für lebendiges Erinnern und Gedächtnistraining mit Senioren.", S. 100ff, München: Don Bosco Medien GmbH;
- Hense, Margarita (2018): „Lichtspielhaus und Liebestöter. Heiteres Gedächtnistraining in Seniorengruppen.", München: Don Bosco Medien GmbH;
- Kobler, Norbert (2016): „Lebensspuren. Erzählkarten für Biografiearbeit, Gedächtnistraining und Erzählcafés"; München: Don Bosco Medien GmbH;

### 3.16 Erzählcafé zum Thema „Freizeit und Hobbys"

Herzlich willkommen in unserem heutigen Erzählcafé!
Schön, dass Sie wieder mit dabei sind!

Heute haben wir das Thema „Freizeit und Hobbys".
Der Schauspieler Heinz Rühmann sagte einmal „Hobbys sind Steckenpferde, die dem Reiter die Sporen geben.". Und so manch einer hat ein Hobby, dass ihn immer wieder antreibt. Sei es das Briefmarken sammeln, eine Sportart ausüben, Handarbeiten oder eine Sprache lernen. Es gibt

verschiedene Dinge, die man als Hobby in seiner Freizeit ausüben kann. Und auch wenn die meisten von uns heute über relativ viel Freizeit verfügen, so war das in früheren Zeiten nicht immer so. Denn da nahmen Schule, Beruf, Familie, Haushalt und / oder Garten viel Zeit in Anspruch.

Nur: Wie ist beziehungsweise war das genau mit den Hobbys und der Freizeit bei uns?

**Fragen:**

- Was haben Sie früher (als Kind, Jugendlicher, junger Erwachsener) in Ihrer Freizeit gemacht?
- Wie gestalten Sie nun Ihre Freizeit?
- Inwieweit gestanden Ihnen Ihre Eltern Freizeit überhaupt zu? Oder mussten Sie viel daheim mitarbeiten?
- Wie war das im Erwachsenenalter mit den Hobbys und der Freizeit? Wie viel Zeit konnten Sie für Ihre Hobbys erübrigen?
- Was hatten Sie als Kind, Jugendlicher oder junger Erwachsener für Hobbys? Wieso haben Sie diese als Hobbys gewählt?
- Welche Hobbys haben Sie heute? Welche davon haben Sie bereits seit jungen Jahren?
- Was gaben beziehungsweise geben Ihnen Ihre Hobbys?
- Können Sie Ihren Hobbys so nachgehen, wie Sie es gerne täten?
- Gab oder gibt es Menschen in Ihrem Leben, mit denen Sie Ihre Hobbys geteilt haben oder noch teilen?
- Gibt oder gab es Menschen, die Sie in Ihren Hobbys unterstützt haben? Und wenn ja: Wer war oder ist das?
- Haben Sie ein außergewöhnliches Hobby? Wenn ja: Welches ist das?

Nun wünsche ich Ihnen beim Erinnern, Erzählen und/oder Aufschreiben viel Freude!
Ihnen alles Gute und bis zum nächsten Erzählcafé!

**Quellen:**

- Hense, Margarita (2016): „Das Erzählcafé. Themen und Ideen für lebendiges Erinnern und Gedächtnistraining mit Senioren.", S. 100ff, München: Don Bosco Medien GmbH;
- Hense, Margarita (2018): „Lichtspielhaus und Liebestöter. Heiteres Gedächtnistraining in Seniorengruppen.", München: Don Bosco Medien GmbH;
- Kobler, Norbert (2016): „Lebensspuren. Erzählkarten für Biografiearbeit, Gedächtnistraining und Erzählcafés"; München: Don Bosco Medien GmbH;

**3.17 Erzählcafé zum Thema „Bücher und Musik – damals und heute"**

Herzlich willkommen im heutigen Erzählcafé!

Ich freue mich, dass Sie wieder dabei sind!

Heute beschäftigen wir uns mit dem Thema „Bücher und Musik – damals und heute".
In der heutigen Zeit vertreiben sich viele Menschen, egal ob Kinder oder Erwachsene, mit Fernsehen, Computer oder Handy einen großen Teil ihrer Freizeit. Doch das war und ist nicht immer so. Denn vor allem früher spielten unter anderem Bücher und Musik noch eine weit größere Rolle als heute. Insbesondere Bücher wurden zwar nach den eigenen Interessen ausgewählt, beeinflussten aber darüber hinaus den eigenen Charakter stark. Mit der Musik und speziell mit den Interpreten wurden viele Schwärmereien sowie Wünsche verbunden. Beide, Bücher und Musik, laden zudem zum Träumen sowie Phantasieren ein, zum Abtauchen in eine eigene Welt. Mit den folgenden Fragen unternehmen wir eine Reise zurück in die frühere Zeit, um uns so an den beliebten Lesestoff sowie die Hits von damals zu erinnern. Und darauf aufbauend beschäftigen wir uns mit unseren heutigen Favoriten.

**Fragen:**

- Was waren früher Ihre Lieblingsbücher? Und welche sind es heute?
- Wer war früher Ihr Lieblingsautor? Wer ist es heute?
- Was war damals Ihre Lieblingsmusik? Und welche ist es heute?
- Wer war früher Ihr Lieblingsinterpret? Wer ist es heute?
- Woher hatten Sie Ihre Bücher? Haben Sie diese geliehen, gekauft, geschenkt bekommen?
- Wer hat bestimmt, welche Bücher Sie gelesen und welche Musik Sie gehört haben als Kind?
- Welche Bücher sowie welche Musik waren und sind für Sie von hoher Bedeutung?
- Welche Figuren in den von Ihnen gelesenen Büchern waren sogar Vorbild für Sie?
- Wo haben Sie gelesen? Wo lesen Sie heute?
- Welche Ohrwürmer gab es damals? An welche erinnern Sie sich noch?
- Zu welchen Liedern, zu welcher Musik haben Sie damals im Tanzkurs tanzen gelernt?
- Gibt es ein Lied, welches für Sie damals oder auch heute noch von hoher Bedeutung ist?
- Haben Sie als Kind ein Instrument gelernt? Wenn ja, welches?
- Haben Sie als Kind im Chor mitgesungen?
- Wie steht es heute bzw. stand es damals mit Ihrer Musikalität?
- Haben Sie auch durch die Eltern verbotene Musik gehört oder durch sie verbotene Bücher gelesen?
- Hatten Sie als Kind einen Plattenspieler und oder einen Radioapparat?
- Welche Platten hatten und hörten Sie?

Und nun wünsche ich Ihnen beim Erinnern, Erzählen und/oder Aufschreiben viel Freude!

Ihnen alles Gute und bis zum nächsten Erzählcafé!

**Quellen:**

- Hense, Margarita (2016): „Das Erzählcafé. Themen und Ideen für lebendiges Erinnern und Gedächtnistraining mit Senioren.", S. 146ff, München: Don Bosco Medien GmbH;
- Hense, Margarita (2018): „Lichtspielhaus und Liebestöter. Heiteres Gedächtnistraining in Seniorengruppen.", München: Don Bosco Medien GmbH;
- Kobler, Norbert (2016): „Lebensspuren. Erzählkarten für Biografiearbeit, Gedächtnistraining und Erzählcafés"; München: Don Bosco Medien GmbH;

### 3.18 Erzählcafé zum Thema „Fernsehen und Kino"

Herzlich willkommen zum Erzählcafé!

Schön, dass Sie wieder mit dabei sind!

Fernsehen und Kino stellen mit ihrem Programm einen Bereich dar, der zum Träumen und Phantasieren einlädt und der einem so auch in eine andere Welt führen kann. Dabei entwickelten sich einige Filme oder Sendungen sogar zu sogenannten „Straßenfegern", mit denen jeder etwas anderes verbindet. Darüber hinaus informieren und berichten die beiden natürlich auch. Das Fernseh- sowie Kinoprogramm bietet also einen reichhaltigen Fundus, mit dem viele Erinnerungen verbunden sind und diese wollen wir uns heute näher ansehen.

**Fragen:**

- Hatte Ihre Familie einen Fernsehapparat zuhause?
- Wer bestimmte in Ihrer Kindheit und Jugend, was gesehen wurde?
- Wie viel Zeit verbrachten Sie als Kind oder Jugendlicher vor dem Fernseher? Und wie viel ist es heute?
- Was für Filme oder Sendungen haben Sie gerne gesehen als Kind und Jugendlicher? Welche sind es jetzt?
- Welche Filme oder Sendungen liefen damals im Kinderprogramm?
- Zu welchen Zeiten durften Sie als Kind oder Jugendlicher Fernsehschauen?
- Was war Ihr erster Kinofilm, den Sie gesehen haben?
- Sind Sie in früheren Zeiten oft ins Kino gegangen?
- Was kostete früher der Eintritt für einen Kinofilm?

- Welche Fernseh- oder Kinofigur war für Sie als Kind eventuell sogar Vorbild?
- Welcher Film oder welche Sendung hat Sie nachhaltig beeindruckt?
- Nach welchen Kriterien wählen Sie heute Fernseh- oder Kinofilme aus, die Sie anschauen?

Ich wünsche Ihnen nun beim Erinnern, Erzählen und/oder Aufschreiben viel Freude!

Ihnen alles Gute und bis zum nächsten Erzählcafé!

## Quellen:

- Hense, Margarita (2016): „Das Erzählcafé. Themen und Ideen für lebendiges Erinnern und Gedächtnistraining mit Senioren.", München: Don Bosco Medien GmbH;
- Hense, Margarita (2018): „Lichtspielhaus und Liebestöter. Heiteres Gedächtnistraining in Seniorengruppen.", München: Don Bosco Medien GmbH;
- Kobler, Norbert (2016): „Lebensspuren. Erzählkarten für Biografiearbeit, Gedächtnistraining und Erzählcafés"; München: Don Bosco Medien GmbH;

## 3.19 Erzählcafé zum Thema „Sport"

Herzlich willkommen beim Erzählcafé!

Ich freue mich, dass Sie wieder mit von der Partie sind.

Heute beschäftigen wir uns mit dem Thema Sport. „Sport ist Mord" - so sagt der Volksmund. Und dennoch ist es ein Thema, dass viele Menschen beschäftigt: Egal ob als Fan von zum Beispiel Fußballvereinen, als Zuschauer von Sportveranstaltungen am Fernsehen oder im Stadion oder gar als Sporttreibender selbst. Denn vor allem sportliche Großereignisse wie die Olympiade oder sportliche Erfolge haben sehr wohl einen Reiz. Wie geht es Ihnen mit diesem Thema?

## Fragen:
- Was bedeutet Ihnen Sport?
- Üben Sie einen Sport aus? Wenn ja: Welchen?
- Gehörte Sport in der Schule zu Ihren Lieblingsfächern? Und wieso?
- Würden Sie sich als sportlich beschreiben?
- Welchen Sport würden Sie gerne ausüben? Oder welchen hätten Sie gerne ausgeübt?
- Üben Sie Sport in einem Verein oder allein für sich aus?
- Wie wichtig ist Ihnen Sport?
- Gab es sportliche Vorbilder oder Mentoren für Sie?
- Inwieweit unterstützen Sie Ihre Kinder oder andere Menschen bei der Sportausübung?

- Was war für Sie Ihr wichtigstes sportliches Erlebnis oder Ereignis?
- Inwieweit haben Sie auch an Wettbewerben teilgenommen? Was bedeutet Ihnen die Teilnahme daran und Ihr Ergebnis dabei?
- Sind Sie Fan einer bestimmten Sportart oder eines Sportvereins? Wenn ja: Um welche Sportart oder welchen Sportverein handelt es sich?
- Welche Sportveranstaltungen sehen Sie sich gerne im Fernsehen oder im Stadion an?

Und nun wünsche ich Ihnen beim Erinnern, Erzählen und/oder Aufschreiben viel Freude! Ihnen alles Gute und bis zum nächsten Erzählcafé!

**Quellen:**
- Hense, Margarita (2016): „Das Erzählcafé. Themen und Ideen für lebendiges Erinnern und Gedächtnistraining mit Senioren.", München: Don Bosco Medien GmbH;
- Hense, Margarita (2018): „Lichtspielhaus und Liebestöter. Heiteres Gedächtnistraining in Seniorengruppen.", München: Don Bosco Medien GmbH;
- Kobler, Norbert (2016): „Lebensspuren. Erzählkarten für Biografiearbeit, Gedächtnistraining und Erzählcafés"; München: Don Bosco Medien GmbH;

## 3.20 Erzählcafé zum Thema „Fortbewegungsmittel"

Herzlich willkommen zu unserem heutigen Erzählcafé!
Ich freue mich, dass Sie wieder mit dabei sind!

Heute beschäftigen wir uns mit Fortbewegungsmitteln. Davon gibt es ja viele, sei es das Fahrrad, die Kutsche, die Eisenbahn oder das Flugzeug, um nur einige zu nennen. Und dann gibt es noch das Auto. Und speziell der VW Käfer prägte die Mobilität der Nachkriegszeit, wie kein anderes Gefährt. Viele von Ihnen haben sogar selbst einen gehabt bzw. gefahren und verbinden damit viele verschiedene Erinnerungen. Doch auch die Beschäftigung mit anderen Verkehrsmitteln laden uns zum Erinnern ein. Ich bin gespannt, wie das bei Ihnen mit der Fortbewegung so war.

**Fragen:**
- Welche Fortbewegungsmittel haben Sie in der Kindheit oder Jugendzeit benutzt?
- Sind Sie viel zu Fuß gegangen in Ihrem Leben?
- Haben Sie den Führerschein gemacht? Wenn ja, wann und für welches Kraftfahrzeug?
- Was war Ihr erstes Fahrzeug?
- Welche Fortbewegungsmittel nutzen Sie als Erwachsene(r)?

- Was haben Sie mit Ihrem Fortbewegungsmittel für besondere (positiv wie negativ) Situationen erlebt?
- Inwieweit können Sie sich bei technischen Problemen selbst helfen?
- Was war Ihre weiteste Strecke mit Ihrem Fahrzeug?
- Gab es ein Traumfahrzeug für Sie? Welches war das?
- Sind Sie auch mit Ihrem Fahrzeug in den Urlaub gefahren? Wenn ja wohin?
- Inwieweit war Ihr Fahrzeug für Sie ein Gebrauchsgegenstand oder ein Statussymbol?
- Welches außergewöhnliche Fortbewegungsmittel haben Sie in Ihrem Leben auch einmal benutzt (z. B. Heißluftballon, Gleitschirm)?

Und nun wünsche ich Ihnen beim Erinnern, Erzählen und/oder Aufschreiben viel Freude! Ihnen alles Gute und bis zum nächsten Erzählcafé!

**Quelle:**

- Hense, Margarita (2016): „Das Erzählcafé. Themen und Ideen für lebendiges Erinnern und Gedächtnistraining mit Senioren.", München: Don Bosco Medien GmbH;
- Hense, Margarita (2018): „Lichtspielhaus und Liebestöter. Heiteres Gedächtnistraining in Seniorengruppen.", München: Don Bosco Medien GmbH;
- Kobler, Norbert (2016): „Lebensspuren. Erzählkarten für Biografiearbeit, Gedächtnistraining und Erzählcafés"; München: Don Bosco Medien GmbH;

**3.21 Erzählcafé zum Thema „Liebe"**

Herzlich willkommen zu unserem heutigen Erzählcafé!
Schön, dass Sie wieder mit dabei sind!

Wir werden uns dieses Mal mit dem Thema Liebe beschäftigen.
Ein Thema, dass die meisten von uns sehr bewegt, denn viele Menschen träumen von der großen Liebe, von Hochzeit und von einer langen Ehe. Dabei ist dieses Thema mit unterschiedlichen Vorstellungen und Werten verbunden, die man selbst als wichtig erachtet oder bei diesen von den Eltern oder dem Umfeld geprägt wird. Und so sind für jeden von uns verschiedenste Erinnerungen mit dem Thema Liebe verbunden.
Wie ist das bei Ihnen?

**Fragen:**
- Wer war Ihre erste große Liebe?

- Hatte diese Liebe Bestand?
- Wie war die erste große Liebe für Sie?
- Wie gestaltete sich diese große Liebe im Hinblick auf Liebesbriefe oder Treffen?
- Wie haben Sie sich gefühlt, als Sie sich verliebt haben?
- Was haben Sie in Ihren Liebesbriefen geschrieben?
- War es Liebe auf den ersten Blick, als Sie Ihren jetzigen Mann bzw. Ihre jetzige Frau kennengelernt haben?
- Wie war es für Sie, zusammen zu ziehen und zu leben?
- Wie war Ihre Hochzeit?
- Gab es auch einmal schwierige Zeiten in Ihrer Ehe oder Beziehung? Wie sind Sie damit umgegangen?
- Falls es zum Ende einer Beziehung gekommen ist: Was war der Grund?
- Hatten Ihr Partner und Sie die selben Vorstellungen im Hinblick auf Ihre Liebe, Partnerschaft und Zukunft?
- Wie sind Sie mit Streit oder Auseinandersetzungen in Ihrer Ehe oder Partnerschaft umgegangen?

Ich wünsche Ihnen nun beim Erinnern, Erzählen und/oder Aufschreiben viel Freude! Ihnen alles Gute und bis zum nächsten Erzählcafé!

**Quellen:**

- Hense, Margarita (2016): „Das Erzählcafé. Themen und Ideen für lebendiges Erinnern und Gedächtnistraining mit Senioren.", München: Don Bosco Medien GmbH;
- Hense, Margarita (2018): „Lichtspielhaus und Liebestöter. Heiteres Gedächtnistraining in Seniorengruppen.", München: Don Bosco Medien GmbH;
- Kobler, Norbert (2016): „Lebensspuren. Erzählkarten für Biografiearbeit, Gedächtnistraining und Erzählcafés"; München: Don Bosco Medien GmbH;

### 3.22 Erzählcafé zum Thema „Ratschläge und Lebensweisheiten"

Herzlich willkommen beim Erzählcafé!

Ich freue mich, dass Sie wieder mit dabei sind!

Unser heutiges Thema sind Ratschläge und Lebensweisheiten. Jeder Mensch sammelt im Laufe seines Lebens Wissen und Erfahrungen an. Meist entwickeln sich daraus Ansichten, Meinungen sowie Lebensweisheiten. Diese Lebensweisheiten werden, teils bewusst – teils unbewusst, weitergegeben. Und manches Mal entwickelt sich daraus auch ein Rat-"Schlag". Nun geht die Frage wieder an Sie:

**Fragen:**

- Was halten Sie allgemein von Ratschlägen oder Lebensweisheiten?
- Inwieweit haben Sie schon einmal einen Ratschlag (oder eine Lebensweisheit) erhalten, der Ihnen weitergeholfen hat? Von wem haben Sie ihn erhalten? Wie hat er Ihnen geholfen?
- Haben Sie auch einen Ratschlag (oder eine Lebensweisheit) erhalten und befolgt, was sich nachträglich als Fehlentscheidung herausgestellt hat? Von wem haben Sie diesen erhalten? Inwieweit hat Sie dieser nicht weitergebracht?
- Was für Ratschläge oder Lebensweisheiten würden Sie gerne weitergeben? Und an wen würde Sie diese gerne geben?
- Wieso würden Sie diese Ratschläge oder Lebensweisheiten weitergeben und wieso gerade an bestimmte Menschen?
- Inwieweit sind aus Ihrer Sicht Ratschläge oder Lebensweisheiten sinnvoll? Oder halten Sie sie für Beeinflussung eines Menschen in eine bestimmte Richtung (Stichwort: „Auch Ratschläge sind Schläge.")?

Nun wünsche Ihnen beim Erinnern, Erzählen und/oder Aufschreiben viel Freude! Ihnen alles Gute und bis zum nächsten Erzählcafé!

**Quelle:**

- Hense, Margarita (2016): „Das Erzählcafé. Themen und Ideen für lebendiges Erinnern und Gedächtnistraining mit Senioren.", München: Don Bosco Medien GmbH;
- Hense, Margarita (2018): „Lichtspielhaus und Liebestöter. Heiteres Gedächtnistraining in Seniorengruppen.", München: Don Bosco Medien GmbH;
- Kobler, Norbert (2016): „Lebensspuren. Erzählkarten für Biografiearbeit, Gedächtnistraining und Erzählcafés"; München: Don Bosco Medien GmbH;

### 3.23 Erzählcafé zum Thema „Lebensfreuden und wertvolle Dingen des Lebens"

Herzlich willkommen zu unserem heutigen Erzählcafé!

Ich freue mich, dass Sie wieder mit dabei sind!

Dieses Mal beschäftigen wir uns mit Lebensfreuden sowie mit wertvollen Dingen des Lebens.

Im Laufe unseres Lebens gab und gibt es immer wieder einmal Grund zur Freude, aus welchen Gründen auch immer. Wenn wir uns nun zurückerinnern, wird diese wieder lebendig und die Beschäftigung damit trägt auch dazu bei, mit Freude achtsamer umzugehen und sie besser wahrzunehmen.

Ebenso gibt es Dinge im Leben, die einem lieb und teuer wurden, von denen man sich nicht gerne trennt und die man wie einen Schatz hütet.

Ich bin gespannt, welche Schätze und Freuden bei Ihnen zum Vorschein kommen!

**Fragen:**

- Was hat Sie in Ihrem Leben sehr gefreut (z. B. Ereignisse, Geschenke, Situationen)? Und wieso?
- Was bedeuten Ihnen solche Freuden?
- Wann haben Sie sich zuletzt gefreut und über was?
- Was bereitet Ihnen Freude?
- Wer hat Ihnen die letzte Freude bereitet? Wem haben Sie eine Freude in der letzten Zeit bereitetet?
- Welche Dinge sind Ihnen lieb und teuer? Wieso?
- Woher haben Sie die Dinge, die Ihnen lieb und teuer? Haben Sie sie geschenkt oder vererbt bekommen?
- Haben diese Dinge einen besonderen Platz in Ihrer Wohnung oder Haus?
- Gibt es eine besondere Geschichte zu einem Erinnerungsstück? Wie lautet die?
- Ist dieses Stück nur für Sie oder auch für andere Menschen wertvoll?
- Wem möchten Sie dieses Erinnerungsstück geben oder vererben?
- Welche Freude möchten Sie noch erleben?
- Mit wem teilen Sie am liebsten Ihre Freude?
- Wie drücken Sie Ihre Freude aus?

Nun wünsche ich Ihnen beim Erinnern, Erzählen und/oder Aufschreiben viel Freude! Ihnen alles Gute und bis zum nächsten Erzählcafé!

**Quellen:**

- Hense, Margarita (2016): „Das Erzählcafé. Themen und Ideen für lebendiges Erinnern und Gedächtnistraining mit Senioren.", S. 72ff und S. 80ff, München: Don Bosco Medien GmbH;
- Hense, Margarita (2018): „Lichtspielhaus und Liebestöter. Heiteres Gedächtnistraining in Seniorengruppen.", München: Don Bosco Medien GmbH;
- Kobler, Norbert (2016): „Lebensspuren. Erzählkarten für Biografiearbeit, Gedächtnistraining und Erzählcafés"; München: Don Bosco Medien GmbH;

## 3.24 Erzählcafé zum Thema „Freunde und Freundschaften"

Herzlich willkommen zu unserem heutigen Erzählcafé!

Ich freue mich, dass Sie wieder mit dabei sind!

Dieses Mal beschäftigen wir uns mit unseren Freunden sowie Freundschaften.

„Es gibt Freundschaften, die im Himmel beschlossen sind und auf Erden vollzogen werden" - so sagt ein Sprichwort von Matthias Claudius. Und bei manchen Freundschaften trifft dies auch recht gut zu. Andere hingegen halten nur für kurze Zeit oder sind von Anfang an Zweckgemeinschaften. Manche Menschen gehen schnell Freundschaften ein und pflegen diese auch. Andere Menschen hingegen tun sich hart damit, Freundschaften einzugehen und vor allem auch zu pflegen. So verbindet jeder von uns mit diesem Thema unterschiedliche Erinnerungen, die wir uns heute näher ansehen wollen. Ich bin gespannt, welche das bei Ihnen sind!

**Fragen:**

- Hatten Sie viele Freunde in Ihrem Leben?
- Welche Freundschaften haben Sie intensiv gepflegt, welche weniger intensiv?
- Welche Freundschaft hält bereits ziemlich lange? Welche ist bereits nach kurzer Zeit schon in die Brüche gegangen?
- Was schätzen Sie an Ihren Freunden?
- Was bedeutet für Sie eine gute Freundschaft?
- Gibt es Freundschaften in Ihren Leben, die trotz großer Distanz zwischen den Wohnorten und Treffen Bestand haben?
- Was hielten Ihre Freundschaften schon an Situationen etc. aus?
- Sind Sie jemand, der schnell neue Freundschaften schließt? Oder gehen Sie eher zögerlich eine neue Freundschaft ein?

Ich wünsche Ihnen nun beim Erinnern, Erzählen und/oder Aufschreiben viel Freude! Ihnen alles Gute und bis zum nächsten Erzählcafé!

**Quellen:**

- Hense, Margarita (2016): „Das Erzählcafé. Themen und Ideen für lebendiges Erinnern und Gedächtnistraining mit Senioren.", München: Don Bosco Medien GmbH;
- Hense, Margarita (2018): „Lichtspielhaus und Liebestöter. Heiteres Gedächtnistraining in Seniorengruppen.", München: Don Bosco Medien GmbH;

- Kobler, Norbert (2016): „Lebensspuren. Erzählkarten für Biografiearbeit, Gedächtnistraining und Erzählcafés"; München: Don Bosco Medien GmbH;

## 3.25 Erzählcafé zum Thema „Sitten und Bräuche um die Weihnachts- und Neujahrszeit"

Herzlich willkommen zu unserem heutigen Erzählcafé!

Schön, dass Sie wieder mit dabei sind!

Nun befinden wir uns mittendrin in der Adventszeit und es geht mit großen Schritten auf Weihnachten sowie Silvester zu. Damit verbunden sind unter anderem viele Sitten und Bräuche. So zum Beispiel der Adventskranz, der Weihnachtsbaum, die Weihnachtsgeschenke. Zu Silvester hin sind es eher das Feuerwerk oder der Fernsehklassiker „Dinner for one".

Darüber hinaus gibt es natürlich noch weitere Sitten und Bräuche: So zum Beispiel das Bleigießen an Silvester, um einen Blick in die Zukunft zu werfen. Dies soll auch in den Rauhnächten, welche in den Tagen zwischen Weihnachten und Heilig-Drei-König sind, möglich sein.

Nun bin ich gespannt, welche Sitten und Bräuche Sie im Hinblick auf Weihnachten und den Jahreswechsel kennen?

**Fragen:**
- Welche Sitten oder Bräuche kommen Ihnen in den Sinn, wenn Sie an Weihnachten und den Jahreswechsel in früheren Zeiten denken? Welche davon pflegen Sie heute noch?
- Gibt es Traditionen an Weihnachten oder Silvester, die Sie über die Jahre hinweg bewahrt haben?
- Ergaben sich bei Ihnen im Laufe der Zeit neue Traditionen?
- Inwieweit versuchen Sie mittels Bleigießen oder an den Rauhnächten in die Zukunft zu sehen?
- Wie empfinden Sie die Zeit um Weihnachten und Neujahr?

Und nun wünsche ich Ihnen beim Erinnern, Erzählen und/oder Aufschreiben viel Freude! Ihnen alles Gute und bis zum nächsten Erzählcafé!

**Quellen:**
- Hense, Margarita (2016): „Das Erzählcafé. Themen und Ideen für lebendiges Erinnern und Gedächtnistraining mit Senioren.", S. 124ff, München: Don Bosco Medien GmbH;
- Hense, Margarita (2018): „Lichtspielhaus und Liebestöter. Heiteres Gedächtnistraining in Seniorengruppen.", München: Don Bosco Medien GmbH;

- Kobler, Norbert (2016): „Lebensspuren. Erzählkarten für Biografiearbeit, Gedächtnistraining und Erzählcafés"; München: Don Bosco Medien GmbH;

## 3.26 Erzählcafé zum Thema „Wer schreibt, der bleibt!"

Herzlich willkommen zu unserem heutigen Erzählcafé!

Ich freue mich, dass Sie wieder mit dabei sind!

Wir befinden uns ja momentan in der Weihnachts- sowie Neujahrszeit. Und in dieser Zeit tauschen viele Menschen gute Wünsche für Weihnachten sowie das neue Jahr aus. Diese werden natürlich persönlich, telefonisch oder auch mittels der modernen Techniken (PC: Email, Handy: SMS, Whatsapp) ausgetauscht. Aber: Es gibt immer noch Menschen, die den Stift zücken und einige gute Wünsche per Papierpost übersenden.

Und auch außerhalb der Weihnachtszeit schreiben viele Menschen noch private Briefe an Menschen in ihrem Umfeld. Manche schreiben auch Tagebuch oder bringen ihr Lebenswissen (also ihre Erinnerungen, Erfahrungen, ihr Wissen) in verschiedenster Form zu Papier. Und einige Menschen lassen sich durch verschiedenste Dinge zu realen oder phantastischen Geschichten inspirieren.

Nun bin ich gespannt, wie das bei Ihnen ist.

**Fragen:**
- Schreiben Sie? Und wenn ja: Was genau?
- Schreiben Sie noch private Briefe an Menschen, in Ihrem privaten Umfeld?
- Wie ist es bei Ihnen mit dem Tagebuch schreiben?
- Bewahren Sie Ihr Lebenswissen schriftlich?
- Inwieweit schreiben Sie auch Geschichten? Wie viel Realität steckt in diesen?
- Oder betätigen Sie sich sogar journalistisch?

Und nun wünsche ich Ihnen beim Erinnern, Erzählen und/oder Aufschreiben viel Freude! Ihnen alles Gute und bis zum nächsten Erzählcafé!

**Quellen:**
- Hense, Margarita (2016): „Das Erzählcafé. Themen und Ideen für lebendiges Erinnern und Gedächtnistraining mit Senioren.", München: Don Bosco Medien GmbH;
- Hense, Margarita (2018): „Lichtspielhaus und Liebestöter. Heiteres Gedächtnistraining in Seniorengruppen.", München: Don Bosco Medien GmbH;

- Kobler, Norbert (2016): „Lebensspuren. Erzählkarten für Biografiearbeit, Gedächtnistraining und Erzählcafés"; München: Don Bosco Medien GmbH;

### 3.27 Erzählcafé zum Thema „Meine Träume, Wünsche und Pläne für die Zukunft"

Herzlich willkommen zu unserem heutigen Erzählcafé!

Ich freue mich, dass Sie wieder mit dabei sind!

Nachdem wir uns im Erzählcafé in letzter Zeit thematisch eher mit der Vergangenheit beschäftigt haben, geht es heute um die Zukunft. Und zwar genauer gesagt um Träume sowie Pläne und Wünsche für die Zukunft.

Und auch wenn eine Redewendung „Träume sind Schäume" lautet, so hat doch jeder Mensch Träume oder Wünsche für die Zukunft. Manch einer träumt vor sich hin und hat Wünsche. Und manch einer macht sogar Pläne für die Zukunft, die er auch in die Tat umsetzten will. Meist spielt bei diesen Dingen auch die eigene Vorstellung von der Zukunft eine Rolle ebenso, wie man der Zukunft gegenüber steht und wie einem die eigene Vergangenheit dabei beeinflusst.

Wie ist es da bei Ihnen?

**Fragen:**
- Wie stehen Sie Ihrer Zukunft gegenüber?
- Inwieweit beeinflusst Ihre Vergangenheit Ihr Denken über die Zukunft? Was sind die Gründe dafür?
- Wie stellen Sie sich Ihre Zukunft vor?
- Was erträumen Sie sich für Ihre Zukunft?
- Was wünschen Sie sich für Ihre Zukunft?
- Was planen Sie für Ihre Zukunft?
- Was tun Sie für die Verwirklichung Ihrer Träume, Pläne und Wünsche für Ihre Zukunft?
- Was erträumen Sie sich für die Zukunft aller Menschen?
- Was wünschen Sie sich für die Zukunft aller Menschen?
- Was tragen Sie für die allgemeine Zukunft bei? Oder was möchten Sie beitragen?

Und nun wünsche Ihnen beim Erinnern, Erzählen und/oder Aufschreiben viel Freude! Ihnen alles Gute!

**Quellen:**
- Hense, Margarita (2016): „Das Erzählcafé. Themen und Ideen für lebendiges Erinnern und

Gedächtnistraining mit Senioren.", München: Don Bosco Medien GmbH;

- Hense, Margarita (2018): „Lichtspielhaus und Liebestöter. Heiteres Gedächtnistraining in Seniorengruppen.", München: Don Bosco Medien GmbH;
- Kobler, Norbert (2016): „Lebensspuren. Erzählkarten für Biografiearbeit, Gedächtnistraining und Erzählcafés"; München: Don Bosco Medien GmbH;

## 4. Die Schreibwerkstatt

In meiner Schreibwerkstatt finden Sie kleinere Einheiten, welche jeweils ein bestimmtes Schreibthema oder eine bestimmte Textart als Schwerpunkt haben.

Diese laden Sie ein und regen Sie an, mit Worten zu spielen und die unterschiedlichen Übungen zu verschiedenen Textarten auszuprobieren.

Betrachten Sie diese Übungen als nicht in Stein gemeißelt. Denn wie heißt es so schön: „Alles kann – nichts muss!". Das heißt: Auch hier können Sie, ähnlich wie beim Erzählcafé, die Aufgaben genauso machen, wie angegeben, oder so verändern, das diese für Sie passen.

Und nun wünsche ich Ihnen eine gute sowie schreibvolle Zeit!

## 4.1 Schreibwerkstatt „Themenfindung"

Herzlich willkommen in der Schreibwerkstatt!
Schön, dass Sie sich die Zeit nehmen und sich mit dem Schreiben beschäftigen sowie von den Übungen anregen lassen wollen!

In der heutigen Schreibwerkstatt beschäftigen wir uns zuerst einmal mit dem Thema „Themenfindung".
Denn bevor es an das eigentliche Schreiben von Texten geht, brauchen wir ein Thema, über das wir schreiben können und vor allem auch schreiben wollen. Nur: Welches könnte das sein?
Im folgenden stelle ich Ihnen einige Übungen vor, mit denen Sie ein Thema (oder vielleicht auch mehrere) finden können:

## Übung 1: „Beobachten"

Stellen Sie sich an ein Fenster und schauen Sie hinaus. Oder gehen Sie hinaus auf die Straße. Sie können auch in einen Park, eine Innenstadt oder ein Geschäft gehen, wie es Ihnen lieber ist. Nun nehmen Sie sich fünf Minuten Zeit und beobachten, was um Sie herum geschieht. Aus dem Gesehenen können Sie im Anschluss ein Thema bestimmen, über das Sie schreiben wollen.

### Übung 2: „Buchstechen"

Nehmen Sie sich ein Buch sowie einen Bleistift zur Hand. Schließen Sie nun Ihre Augen und schlagen Sie das Buch auf einer beliebigen Seite auf. Dann markieren Sie mit dem Bleistift ein Wort (z. B. durch Unterstreichen). Dabei sind Ihre Augen immer noch geschlossen. Und das so bestimmte Wort ist das Thema, über das Sie schreiben.

### Übung 3: „Zeitungsanregung"

Zeitungen bieten mit ihren unterschiedlichen Artikeln u. a. auch Geschichten aus dem Leben, wie z. B. Krimis oder Liebesgeschichten. Nehmen Sie sich also eine Zeitung (egal ob Tages- oder Wochenzeitung) und lassen Sie sich von den dortigen Artikeln zu einem Thema sowie einem darauf aufbauenden Text anregen.

### Übung 4: „Lieblingsfigur"

Sicherlich haben Sie literarische Lieblingsfiguren. Entscheiden Sie sich nun für eine dieser Figuren und stellen sich diese bei geschlossenen Augen vor. Was würde die Person wohl erleben, wenn sie nun in Ihrer Phantasie zu handeln beginnen würde? Im Anschluss können Sie daraus ein Thema ableiten und einen Text über dieses sowie Ihre Lieblingsfigur schreiben.

### Übung 5: „Radioanregung"

Schalten Sie Ihren Radio an und lassen Sie sich insbesondere von den ersten Worten, welche/r der/die Radiomoderator/-in spricht, zu einem Thema inspirieren.

### Übung 6: „Geräusche"

Seien Sie ein paar Minuten still und hören auf die Geräusche aus Ihrer Umwelt (z. B. Autos, Stimmen, Naturgeräusche, Vogelstimmen). Wählen Sie das Geräusch, dass Sie am häufigsten gehört haben, zu Ihrem Thema.

Ich wünsche Ihnen bei den Übungen viel Spaß sowie Freude!
Bis zur nächsten Schreibwerkstatt! Und bis dahin Ihnen alles Gute!

### Quelle für die Hinführung und alle Übungen:
- von Werder, Lutz (2007): „Lehrbuch des kreativen Schreibens"; S. 69ff, Wiesbaden: Marix

## 4.2 Schreibwerkstatt „Schreibstimuli"

Herzlich willkommen in der Schreibwerkstatt!

Schön, dass Sie sich wieder die Zeit nehmen und sich zum Schreiben inspirieren lassen wollen!

In der heutigen Schreibwerkstatt beschäftigen wir uns mit dem Thema „Schreibstimuli".

Letztes Mal begaben wir uns bereits mittels diverser Übungen auf die Suche nach einem Thema.

Nun wollen wir auch darüber schreiben. Nur was stimuliert uns dazu, darüber auch zu schreiben?

Im folgenden stelle ich Ihnen einige Übungen vor, welche Ihre Fantasie anregen und so zum

eigentlichen Schreiben stimulieren können:

### Übung 1: „Alltägliches Spielmaterial"

Nehmen Sie sich einen Moment Ruhe und schreiben spontan zehn Worte, die Ihnen gerade aus

Ihrer Umgangssprache einfallen, auf. Schreiben Sie darauf aufbauend einen Text, in dem auch

diese zehn Worte vorkommen. Wenn Sie möchten, können Sie diesen zu einem Thema, dass Sie

bereits das letzte Mal gefunden haben, schreiben.

### Übung 2: „Zettelkasten"

Machen Sie es wie die berühmten Autoren (z. B. Thomas Mann) und legen Sie sich einen

Zettelkasten an. In diesem können Sie Zettel mit wichtigen Worten oder Sätzen, wichtigen

Informationen, Bildern von Menschen oder phantasievollen Gestalten ebenso wie mit wichtigen

Texten archivieren. Lassen Sie sich nun davon anregen, Ihr Thema mit Worten zum Leben zu

erwecken.

### Übung 3: „Schreiben zu Stimuli"

Stimuli können darüber hinaus auch Musik, Spielsachen, Zahlen oder Gegenstände aus dem

Alltags sowie der Natur sein. Aber auch von Orten können Sie sich inspirieren lassen. Gehen Sie

zum Beispiel zum Bahnhof und beobachten Sie dort das Geschehen und die sich dort

aufhaltenden Menschen. Was sehen Sie? Wie fühlen Sie sich? Was nehmen Sie wahr? Schreiben

Sie mithilfe dieser Ideen einen Text über ein von Ihnen gewähltes Thema.

Und nun wünsche ich Ihnen bei den Übungen viel Spaß sowie Freude!

Bis zur nächsten Schreibwerkstatt! Und bis dahin Ihnen alles Gute!

**Quellen:**

*Hinführung sowie Übung 1:*

- von Werder, Lutz (2007): „Lehrbuch des kreativen Schreibens"; S. 71; Wiesbaden: Marix Verlag GmbH;

*Hinführung sowie Übung 2:*

- von Werder, Lutz (2007): „Lehrbuch des kreativen Schreibens"; S. 74; Wiesbaden: Marix Verlag GmbH;

*Hinführung sowie Übung 3:*

- Martini, Heidrun in B. Hoffmann/ H. Martini/ U. Martini/ G. Rebel/ H.H.Wickel/ E. Wilhelm (2004): „Gestaltungspädagogik in der Sozialen Arbeit"; S. 271ff; Paderborn: Verlag Ferdinand Schöningh;

## 4.3 Schreibwerkstatt „Assoziative Verfahren"

Herzlich willkommen in der Schreibwerkstatt!

Schön, dass Sie wieder mit dabei sind und sich mit dem Schreiben beschäftigen wollen!

In der heutigen Schreibwerkstatt beschäftigen wir uns mit Assoziativen Verfahren.

Diese geben uns thematische Vorschläge oder regen uns zu eigenen Gedanken sowie Fantasien an. Außerdem nehmen sie uns spielerisch sowie auf experimentelle Art die Angst vor z. B. Misserfolgen.

Lassen Sie sich auf die folgenden Übungen ein und seien Sie offen für das, was dabei entsteht:

### Übung 1: „Cluster"

Schreiben Sie in die Mitte eines Blattes ein Reizwort (oder ein Thema; z. B.: goldener Oktober). Schreiben Sie nun alles, was Ihnen zu diesem Wort einfällt, auf und um das Reizwort herum. Und mit „alles" meine ich auch „alles" - streichen Sie keinen Ihrer Einfälle. Wenn Sie zwischen einzelnen Ideen Zusammenhänge entdecken, können Sie diese mit Strichen verbinden. Im Anschluss nutzen Sie diese Stichwörter, um daraus einen Text zu schreiben.

Zum Beispiel:

Kartoffelernte

Goldener Oktober

Wein

### Übung 2: „Abecedarium"

Mit dieser Übung können Sie zu einem Thema Wörter (oder auch Sätze) finden. Nehmen Sie hierzu ein Blatt Papier und schreiben Sie auf der einen Seite alle Buchstaben des Alphabets untereinander auf. Nun suchen bzw. finden Sie Wörter, die mit den jeweiligen Buchstaben anfangen und einen Bezug zu dem gewählten Thema haben.

Zum Beispiel: Herbst

A → Abend

B → Blätter

C → ….

### Übung 3: „Kritzelbilder"

Nehmen Sie einen Stift und ein Blatt Papier. Mit dem Stift können Sie nun auf dem Papier Striche, Kringel, Bilder, Gegenständliches oder Fantastisches entstehen lassen. Malen Sie auf dem Blatt ein Bild im Ganzen oder mehrere kleinere Bilder. Im Anschluss können Sie über das entstandene Bild einen Text schreiben. Vielleicht wird es ja der Beginn einer fantasievollen Geschichte?

Und nun wünsche ich Ihnen bei den Übungen viel Spaß sowie Freude!
Bis zur nächsten Schreibwerkstatt! Und bis dahin Ihnen alles Gute!

**Quellen:**

*Hinführung sowie Übung 1 und 2:*

- Martini, Heidrun in B. Hoffmann/ H. Martini/ U. Martini/ G. Rebel/ H.H.Wickel/ E. Wilhelm (2004): „Gestaltungspädagogik in der Sozialen Arbeit"; S. 270; Paderborn: Verlag Ferdinand Schöningh;

*Hinführung sowie Übung 3:*

- Pachl-Eberhart, Barbara (2017): „Federleicht. Die kreative Schreibwerkstatt. Wie die Kraft Ihrer Worte zur Lebenskraft wird."; S. 358; München: Integral Verlag;

### 4.4 Schreibwerkstatt „Schreibspiele"

Herzlich willkommen in der Schreibwerkstatt!
Ich freue mich, dass Sie wieder mit dabei sind und sich mit dem Schreiben beschäftigen wollen!

In der heutigen Schreibwerkstatt schreiben wir auf eine spielerische Weise. Denn es gibt verschiedene Schreibspiele, welche die Beschäftigung mit dem kreativen Schreiben auf besondere Art anregen und Lust auf mehr machen. Und heute möchte ich Ihnen einige davon vorstellen.

Lassen Sie sich auf die folgenden Übungen ein und seien Sie offen für das, was dabei entsteht:

### Übung 1: „Fortsetzungsgeschichte"

Nehmen Sie den Anfang, also die ersten Sätze, einer Geschichte als Vorgabe und schreiben Sie auf, wie diese weitergeht. Sie können frei entscheiden, ob Sie nur einige Sätze oder vielleicht auch mehr Text dazu schreiben wollen.

Diese Übung eignet sich auch gut für das Schreiben in Gruppen.

Folgender Text soll Ihnen als Vorgabe und Einstieg dienen:

*„Rieke saß im Zug und sah durch das Fenster ihrer ehemaligen Nachbarin nach, die durch die Menschenmasse zur Bahnhofshalle ging. Sie wollte schnell wieder heimkommen, denn sie hatte noch viel zu tun.*

*Alles war so schnell gegangen.*

*Seit Mutter gestorben war, waren gerade einmal zwei Wochen vergangen.*

*Rieke war an jenem Morgen zu Mutter ins Schlafzimmer gehuscht. Sie hätte an diesem Tag eine Besprechung gehabt und musste früh raus. Doch als Rieke sie wecken wollte, war sie schon tot."*

### Übung 2: „Akrostichon"

Bei diesem Spiel bilden die Anfangsbuchstaben der aufeinanderfolgenden Zeilen zusammengelesen ein Wort (eventuell auch einen Namen oder einen Satz).

Schreiben Sie nun die Buchstaben Ihres Vornamens von oben nach unten folgend auf. Diese bilden den Anfangsbuchstaben für je ein neues Wort. Die dabei entstandenen Wörter können Sie auch in einem neuen Text verwenden.

Beispiel: Heidi

H → Hanna

E → einzeln

I → isst

D → Datteln

I → immer

*(vgl. Grümmer, G. (1988): „Spielformen der Poesie; S. 41-45; Leipzig; zitiert nach von Werder, Lutz (2007): „Lehrbuch des kreativen Schreibens"; S. 219; Wiesbaden: Marix Verlag GmbH)*

### Übung 3: „Satzcollage"

Nehmen Sie eine Zeitung und schneiden einzelne Wörter heraus. Daraus lassen Sie nun einen neuen Satz oder einen neuen Text entstehen.

Und nun wünsche ich Ihnen bei den Übungen viel Spaß sowie Freude!

Bis zur nächsten Schreibwerkstatt! Und bis dahin Ihnen alles Gute!

**Quellen:**

*Hinführung und Übung 1:*

- Martini, Heidrun in B. Hoffmann/ H. Martini/ U. Martini/ G. Rebel/ H.H.Wickel/ E. Wilhelm (2004): „Gestaltungspädagogik in der Sozialen Arbeit"; S. 270ff; Paderborn: Verlag Ferdinand Schöningh;

*Textvorgabe:*

- Stadler, Heidi (2013): „Rieke und das Geheimnis von Schloss Burgstein" in „Eine Veränderung kommt selten allein"; S. 5; Münster: sonderpunkt Verlag;

*Hinführung und Übung 2:*

- von Werder, Lutz (2007): „Lehrbuch des kreativen Schreibens"; S. 219; Wiesbaden: Marix Verlag GmbH;

*Hinführung und Übung 3:*

- Pachl-Eberhart, Barbara (2017): „Federleicht. Die kreative Schreibwerkstatt. Wie die Kraft Ihrer Worte zur Lebenskraft wird."; S. 215; München: Integral Verlag;
- von Werder, Lutz (2007): „Lehrbuch des kreativen Schreibens"; S. 136; Wiesbaden: Marix Verlag GmbH;

## 4.5 Schreibwerkstatt „Schreibspiele"

Herzlich willkommen in der Schreibwerkstatt!

Schön, dass Sie mit dabei sind und sich zum Schreiben anregen lassen wollen!

In der heutigen Schreibwerkstatt stelle ich Ihnen wieder einige Schreibspiele vor. Denn diese bieten insbesondere am Anfang eine gute Möglichkeit, sich spielerisch und ohne Bedenken mit dem Schreiben beschäftigen zu können.

Dieses Mal werden wir die folgenden Schreibspiele durchführen:

### Übung 1: „Unsinnsgeschichte"

Ja, Sie haben richtig gelesen: Wir schreiben nun eine Unsinnsgeschichte. Dieses Spiel bietet die Möglichkeit, einen Text zu schreiben, der keinerlei Sinn ergeben muss. Nehmen Sie sich also die Freiheit und schreiben Sie eine unsinnige Geschichte.

### Übung 2: „Bandwurmsatz"

In dieser Übung schreiben wir einen sehr, sehr langen Satz – deshalb heißt die Übung auch

„Bandwurmsatz". Über welches Thema der Satz gehen soll? Wie wäre es mit einem langen Satz über Sie selbst und das, was Sie an sich selbst mögen und schätzen?

Tun Sie sich keinen Zwang an und dehnen Sie Ihren Satz aus, sodass er so lange wie möglich wird. Lassen Sie Ihren Bandwurmsatz mindestens eine halbe Seite lang sein. Wenn Sie wollen, kann er auch länger werden. Wenn Ihnen der Einstieg nicht so leicht fällt, können Sie Ihren Satz auch mit dem Wort „Und" starten lassen.

### Übung 3: „Worte einer Fantasiesprache"

Entwickeln Sie eine neue Sprache, nämlich die Fantasiesprache. Aus welchen Wörtern besteht diese? Und was bedeuten diese auf Deutsch? Schreiben Sie auch einige Sätze in Ihrer erfundenen Sprache. Lassen Sie Ihrer Fantasie freien Lauf!

*(vgl. Schalk G. / Rolfes B. (1985): „Schreiben befreit"; Bonn; zitiert nach von Werder, Lutz (2007): „Lehrbuch des kreativen Schreibens"; S. 99; Wiesbaden: Marix Verlag GmbH; ).*

Ich wünsche Ihnen nun bei den Übungen viel Spaß sowie Freude!
Bis zur nächsten Schreibwerkstatt! Und bis dahin Ihnen alles Gute!

### Quellen:

*Hinführung und Übung 1:*
- Pachl-Eberhart, Barbara (2017): „Federleicht. Die kreative Schreibwerkstatt. Wie die Kraft Ihrer Worte zur Lebenskraft wird."; S. 358ff; München: Integral Verlag;

*Hinführung und Übung 2:*
- Pachl-Eberhart, Barbara (2017): „Federleicht. Die kreative Schreibwerkstatt. Wie die Kraft Ihrer Worte zur Lebenskraft wird."; S. 52; München: Integral Verlag;

*Hinführung und Übung 3:*
- von Werder, Lutz (2007): „Lehrbuch des kreativen Schreibens"; S. 99; Wiesbaden: Marix Verlag GmbH;

### 4.6 Schreibwerkstatt „Schreibspiele"

Herzlich willkommen in der Schreibwerkstatt!

Schön, dass Sie wieder mit dabei sind und sich zum Schreiben anregen lassen wollen!

In der heutigen Schreibwerkstatt beschäftigen wir uns noch einmal mit Schreibspielen. Somit können Sie sich wieder spielerisch mit dem Schreiben befassen.

Dieses Mal widmen wir uns diesen Schreibspielen:

**Übung 1: „Anagramm"**

Nehmen Sie ein Wort (am besten ein längeres), Ihren Namen oder eventue l auch einen Satz. Jeden der darin enthaltenen Buchstaben schreiben Sie nun auf einen kleinen Zettel und mischen diese gut durch. Nun lassen Sie aus diesem Buchstabensalat neue Wörter, Sätze sowie einen Text entstehen. Das Ausgangswort gibt das Thema für den neuen vor.

Beim Anagramm gibt es zwei Varianten: Beim geschlossenen Anagramm müssen Sie alle Buchstaben des Ursprungstextes verwenden. Beim offenen Anagramm hingegen müssen Sie nicht alle Buchstaben verwenden und können diese auch öfters nutzen.

*(vgl. Grümmer G. (1988): „Spielformen der Poesie"; S. 11 -12; Leipzig; zitiert nach von Werder, Lutz (2007): „Lehrbuch des kreativen Schreibens"; S. 218; Wiesbaden: Marix Verlag GmbH)*


**Übung 2: „Aufzählungen und Inventare"**

Suchen Sie sich ein Thema Ihrer Wahl aus (z. B. Natur). Nun können Sie zum Beispiel aus dem Fenster schauen und dann schreiben Sie genau auf, was Sie dort alles sehen. Sicherlich wird Ihnen schon bald eine Idee kommen, wie Sie das, was Sie notiert haben, strukturieren können (z. B. Pflanzen, Tiere etc.).

*(vgl. Oulipo (1988): „Atlas de Literature potenielle"; Paris; zitiert nach von Werder, Lutz (2007): „Lehrbuch des kreativen Schreibens"; S. 220; Wiesbaden: Marix Verlag GmbH)*


**Übung 3: „Anfang und Ende"**

Diese Übung hat eine gewisse Ähnlichkeit mit der Übung „Fortsetzungsgeschichte". Allerdings ist nun bei dieser Übung nicht nur der Anfang, sondern auch das Ende vorgegeben. Beide Teile stammen dabei aus unterschiedlichen Texten. Die Aufgabe ist nun, die beiden Textteile schreibend zu verbinden.

Textvorgabe Anfang:

*Schon seit ewigen Zeiten gab es dieses Haus ganz am Ende der Buchenstraße. Man nannte es das „Scheewittchenhaus", denn im Winter sah es entsprechend aus. Es war ein Mehrfamilienhaus, für etwa zwei Familien gedacht, trotzdem machte es irgendwie einen überschaubaren und gemütlichen Eindruck.*

Textvorgabe Ende:

*Dann musste Jana endgültig aufbrechen. Noch ein letzter Händedruck, die Tür leise ins Schloss fallen lassen. Ein letztes Mal über den Innenhof gehen, zum bisherigen Zimmer hoch sehen. Rainer entdecken, der am Hauseck auf sie wartete. Gemeinsam ins neue, eigene Reich gehen. Gemeinsam in eine neue Zukunft.*

*(vgl. Schumann, O. (1983): „Grundlagen und Techniken der Schreibkunst"; S. 125-139 Wilhelmshaven; zitiert nach von Werder, Lutz (2007): „Lehrbuch des kreativen Schreibens"; S.*

*221; Wiesbaden: Marix Verlag GmbH)*

**Übung 4: „Schreiben nach Orakelkarten"**

Nehmen Sie einen Satz Orakelkarten und mischen diese gut durch. Nun ziehen Sie nacheinander drei Karten: Die erste Karte stellt die Situation der zu schreibenden Geschichte dar. Die beiden anderen Karten stehen für die Personen, die in Ihrer Geschichte vorkommen. Schreiben Sie nun nach diesen Karten eine Geschichte.

*(vgl. Oulipo (1988): „Atlas de Literature potenielle"; S. 381ff; Paris; zitiert nach von Werder, Lutz (2007): „Lehrbuch des kreativen Schreibens"; S. 222; Wiesbaden: Marix Verlag GmbH)*

Viel Spaß sowie Freude bei den Übungen!

Und bis zur nächsten Schreibwerkstatt wünsche ich Ihnen alles Gute!

**Quellen:**

*Hinführung und Übung 1:*

- von Werder, Lutz (2007): „Lehrbuch des kreativen Schreibens"; S. 218; Wiesbaden: Marix Verlag GmbH;

*Hinführung und Übung 2:*

- von Werder, Lutz (2007): „Lehrbuch des kreativen Schreibens"; S. 220; Wiesbaden: Marix Verlag GmbH;

*Hinführung und Übung 3:*

- von Werder, Lutz (2007): „Lehrbuch des kreativen Schreibens"; S. 221; Wiesbaden: Marix Verlag GmbH;

*Textvorgabe Anfang:*

- Stadler, Heidi (2013): „Das Schneewittchenhaus" in „Eine Veränderung kommt selten allein"; S. 108; Münster: sonderpunkt Verlag;

*Textvorgabe Ende:*

- Stadler, Heidi (2013): „Eine Veränderung kommt selten allein" in „Eine Veränderung kommt selten allein"; S. 170; Münster: sonderpunkt Verlag;

*Hinführung und Übung 4:*

- von Werder, Lutz (2007): „Lehrbuch des kreativen Schreibens"; S. 222; Wiesbaden: Marix Verlag GmbH;

## 4.7 Schreibwerkstatt „Prosa-Schreibspiele – Erzählung"

Herzlich willkommen in der Schreibwerkstatt!

Ich freue mich, dass Sie wieder mit dabei sind und sich zum Schreiben anregen lassen wollen!

In der heutigen Schreibwerkstatt wechseln wir nun zu Prosa-Schreibspielen. Genauer gesagt werden wir dieses Mal mit der Form der Erzählung spielen. Erzählungen sind eine Art epischer Kurzform und bestehen aus einer Folge von tatsächlich geschehenen oder erfundenen Begebenheiten.

Lassen Sie sich auf die folgenden Übungen ein und seien Sie offen für das, was dabei entsteht:

### Übung 1: „Wochenlaufgeschichte"

Machen Sie sich eine Woche lang zu jedem Tag Notizen. Am Ende dieser Woche können Sie aus den gemachten Notizen eine Wochenlaufgeschichte entwickeln. Wenn Sie wollen, können Sie die Geschichte aus der Ich-Sicht schreiben oder eine fiktive Figur diese Ihre Woche erleben lassen.

### Übung 2: „Portrait-Schreiben"

Erfinden Sie eine Figur und beschreiben Sie diese zuerst in einer Situation von außen. Was macht sie und wie wirkt sie dabei? Im Anschluss beschreiben Sie diese in der gleichen Situation von innen. Was denkt sie wohl? Und was fühlt sie?

*(vgl. Spinner; K.H. (1985): „Phantasieren Personen beschreiben"; In: Praxis Deutsch 74, S. 38ff; zitiert nach von Werder, Lutz (2007): „Lehrbuch des kreativen Schreibens"; S. 111; Wiesbaden: Marix Verlag GmbH)*

### Übung 3: „Briefroman"

Lassen Sie zwei fiktive Personen entstehen. Wie alt sind diese Personen? Welchen Beruf üben sie aus? Welches Geschlecht und welche Probleme haben sie? Darauf aufbauend lassen Sie in Ihrer Erzählung die beiden Personen in Briefkontakt miteinander treten. Was die beiden fiktiven Personen sich wohl zu schreiben haben?

Diese Übung eignet sich auch gut für das Schreiben in der Gruppe.

*(vgl. Spinner; K.H. (1986): „Produktionsaufgaben zu Kurz- und Kürzestgeschichten", In: Praxis Deutsch 75, S. 13; zitiert nach von Werder, Lutz (2007): „Lehrbuch des kreativen Schreibens"; S. 111; Wiesbaden: Marix Verlag GmbH)*

### Übung 4: „Sofort-Bild-Kamera"

Machen Sie einen Streifzug durch Ihr Stadtteil und halten Sie besondere Dinge mit einem Fotoapparat (es muss nicht unbedingt eine Polaroid sein, es geht auch z. B. das Handy) fest. Schreiben Sie nun einen Fotoroman zu den gemachten Bildern.

Viel Spaß sowie Freude bei den Übungen!

Und bis zur nächsten Schreibwerkstatt wünsche ich Ihnen alles Gute!

**Quellen:**

*Hinführung und Übung 1:*

- von Werder, Lutz (2007): „Lehrbuch des kreativen Schreibens"; S. 110; Wiesbaden: Marix Verlag GmbH;

*Hinführung und Übung 2:*

- von Werder, Lutz (2007): „Lehrbuch des kreativen Schreibens"; S. 111; Wiesbaden: Marix Verlag GmbH;

*Hinführung und Übung 3:*

- von Werder, Lutz (2007): „Lehrbuch des kreativen Schreibens"; S. 111; Wiesbaden: Marix Verlag GmbH;

*Hinführung und Übung 4:*

- von Werder, Lutz (2007): „Lehrbuch des kreativen Schreibens"; S. 111; Wiesbaden: Marix Verlag GmbH;

## 4.8 Schreibwerkstatt „Prosa-Schreibspiele – Kurzgeschichte"

Herzlich willkommen in der Schreibwerkstatt!

Schön, dass Sie wieder mit dabei sind und sich mit dem Schreiben beschäftigen wollen!

Dieses Mal werden wir uns im Rahmen der Prosa-Schreibspiele die Kurzgeschichte näher ansehen. Für Kurzgeschichten brauchen wir, vereinfacht gesagt, zuerst einmal eine Hauptfigur. Und diese lassen wir vor einer großen Herausforderung stehen, welche sie überraschend bewältigt. Dabei ist auch wichtig zu wissen, dass sich Kurzgeschichten überwiegend aus Handlungen zusammensetzen.

Lassen Sie sich auf die folgenden Übungen ein und seien Sie offen für das, was dabei entsteht:

### Übung 1: „Fotografien"

Legen Sie Fotos von unterschiedlichen Personen vor sich auf den Tisch und wählen Sie eines der Fotos aus. Schreiben Sie über die darauf abgebildete Person eine Kurzgeschichte. In was für einer Situation könnte die Person wohl stecken und wie meistert sie diese?

### Übung 2: „Person – Ereignisse – Ort und Zeit"

Legen Sie eine Tabelle an mit den drei Spalten „Person", „Ereignis" sowie „Ort und Zeit". Füllen Sie diese Tabelle nun mit fünf Personen, fünf Ereignissen sowie fünf Orten sowie Zeitangaben. Wählen

Sie nun je eine Person, ein Ereignis und einen Ort sowie eine Zeitangabe aus und schreiben Sie daraus eine Kurzgeschichte. Statt Ereignisse können Sie auch Schicksalsschläge wählen.

### Übung 3: „Kurzgeschichtencluster"

Das Kurzgeschichtencluster besteht zum einen aus drei Unterclustern, nämlich „Situation", „Bedrohung" und „Lösung". Diese drei Untercluster drehen sich zum anderen um das Zentrum des Clusters, welches der Name der Hauptperson ist. Schreiben Sie den Namen der Person auf ein Blatt Papier und drum herum die drei Untercluster. Alles, was Ihnen zu diesen (Unter-)Clustern einfällt, schreiben Sie dazu auf. Lassen Sie dabei Ihrer Fantasie freien Lauf, bis sich bei Ihnen der Impuls zum Schreiben der Kurzgeschichte einstellt.

Viel Spaß sowie Freude bei den Übungen!
Und bis zur nächsten Schreibwerkstatt wünsche ich Ihnen alles Gute!

### Quellen:

*Hinführung und Übung 1:*
- von Werder, Lutz (2007): „Lehrbuch des kreativen Schreibens"; S. 108; Wiesbaden: Marix Verlag GmbH;

*Hinführung und Übung 2:*
- von Werder, Lutz (2007): „Lehrbuch des kreativen Schreibens"; S. 108ff; Wiesbaden: Marix Verlag GmbH;

*Hinführung und Übung 3:*
- von Werder, Lutz (2007): „Lehrbuch des kreativen Schreibens"; S. 109; Wiesbaden: Marix Verlag GmbH;

### 4.9 Schreibwerkstatt „Gedichte - einfache Reimformen"

Herzlich willkommen in der Schreibwerkstatt!
Ich freue mich, dass Sie wieder mit dabei sind und sich zum Schreiben inspirieren lassen wollen!

In der heutigen Schreibwerkstatt wenden wir uns den Gedichten zu.
Normalerweise haben Gedichte eine spezielle Form: So ist der erste Buchstabe in jeder Zeile groß geschrieben, die Zeilen sind unterschiedlich lang und weiterhin zu Strophen verbunden. Allerdings müssen sich die Enden der Zeilen nicht unbedingt immer reimen, dies ist zum Beispiel bei modernen Gedichten der Fall.
Lassen Sie sich auf die folgenden Übungen ein und seien Sie offen für das, was dabei entsteht:

## Übung 1: „aabb"

Als erstes werden wir Gedichte mit dem Endreim „aabb" schreiben. Dass heißt: Die beiden ersten Zeilen enden mit einem Reimwort auf aa und die beiden letzten mit bb.

Wenn Sie sich leichter tun, können Sie auch die folgende Vorgabe dazu verwenden:

...Haus,

...raus.

…Kind,

...find.

Es gibt darüber hinaus noch weitere Reimformen, so zum Beispiel abba oder abab. Sie können die Übung auch mit diesen Reimformen machen.

## Übung 2: „Haufenreim"

Nun schreiben wir ein Gedicht mit Haufenreim.

Beim Haufenreim enden die Reimwörter alle auf „aaaa" (Beispiel: Haus – raus – Laus – Maus – Taus – schaus – Staus) - wir haben also nur einen einzigen Reim.

## Übung 3: „Schneeball"

Zum Abschluss werden wir einen „Schneeball" (Ja, Sie lesen richtig!) schreiben.

Beim Schneeball haben wir kein Reimwort. Denn der Schneeball sieht so aus:

In der ersten Zeile steht ein Wort,

in der zweiten Zeile stehen zwei Wörter,

in der dritten Zeile drei Wörter und so geht es weiter bis zur siebten Zeile mit sieben Wörtern.

Wenn Sie wollen, können Sie den Schneeball auch schreibend abschmelzen, in dem

in der achten Zeile sechs Worte stehen,

in der neunten Zeile fünf Worte stehen,

in der zehnten Zeile vier Worte stehen, bis in der 13. Zeile wieder nur ein Wort steht.

*(vgl. Oulipo (1988): „Atlas de Literature potentielle", S. 194ff; Paris; zitiert nach von Werder, Lutz (2007): „Lehrbuch des kreativen Schreibens"; S. 220ff; Wiesbaden: Marix Verlag GmbH)*

Viel Spaß sowie Freude bei den Übungen!

Und bis zur nächsten Schreibwerkstatt wünsche ich Ihnen alles Gute!

## Quellen:

*Hinführung und Übung 1:*

- von Werder, Lutz (2007): „Lehrbuch des kreativen Schreibens"; S. 275; Wiesbaden: Marix Verlag GmbH;
- Pachl-Eberhart, Barbara (2017): „Federleicht. Die kreative Schreibwerkstatt. Wie die Kraft Ihrer Worte zur Lebenskraft wird."; S. 172ff; München: Integral Verlag;

*Hinführung und Übung 2:*
- von Werder, Lutz (2007): „Lehrbuch des kreativen Schreibens"; S. 275ff; Wiesbaden: Marix Verlag GmbH;

Hinführung und Übung 3:
- von Werder, Lutz (2007): „Lehrbuch des kreativen Schreibens"; S. 220ff; Wiesbaden: Marix Verlag GmbH;

## 4.10 Schreibwerkstatt „Gedichte – Von Fäden und Kreisen"

Herzlich willkommen in der Schreibwerkstatt!

Schön, dass Sie wieder mit dabei sind und sich zum Schreiben inspirieren lassen wollen!

Auch heute werden wir wieder Gedichte schreiben. Dieses Mal allerdings keine klassischen, bei denen gereimt wird. Denn es gibt auch besondere und freiere Formen von Gedichten.

Lassen Sie sich überraschen und seien Sie offen für das, was dabei entsteht:

### Übung 1: „Fadengedicht"

Wir beginnen mit dem Fadengedicht.

Hier fängt jede neue Zeile mit dem Buchstaben an, die die vorausgehende beendet hat.

Ein Beispiel:

Heute ist der erste Tag meines neuen Lebens,

suchte schon so lange nach dem Anfangspunkt hierfür.

Richtung findend in vielen Gesprächen,

nun neue Wege gehend.

### Übung 2: „Wortfaden"

Der Wortfaden ähnelt zum gewissen Grad dem Fadengedicht. Denn hier ist das letzte Wort einer Zeile das erste Wort in einer neuen Zeile. Dabei muss das Wort nicht komplett identisch sein, Sie können es auch anpassen.

Ein Beispiel:

Heute ist der erste Tag meines neuen Lebens.
Lebendig fühle ich mich nun und bewege mich.
Ich suche einen neuen Weg und gehe den gefundenen.
Finden folgt auf Suchen.

**Übung 3: „Rondell"**

Bei unserer letzten Übung für heute, wird sich im übertragenen Sinne der Kreis schließen.

Keine Sorge, Sie müssen dafür nicht im Kreis schreiben. Denn bei dieser Gedichtform sind es Sätze, die sich wiederholen und deshalb das Gedicht zu einem Kreis machen.

Ein Rondell umfasst acht Sätze und einige davon kommen mehrmals vor. So können zum Beispiel die erste, die vierte sowie die siebte Zeile identisch sein sowie die zweite und die achte Zeile.

Auch hier gibt es zur Veranschaulichung ein Beispiel:

1. Der Wind weht stark aus Nordwest
2. Da heißt es widerstehen können
3. Halt finden im eigenen Stehen
4. Der Wind weht stark aus Nordwest
5. Aufrecht stehen bleiben
6. Sich nicht verbiegen lassen
7. Der Wind weht stark aus Nordwest
8. Da heißt es widerstehen können

Viel Spaß sowie Freude bei den Übungen!

Und bis zur nächsten Schreibwerkstatt wünsche ich Ihnen alles Gute!

**Quellen:**

*Hinführung und Übung 1:*

- Pachl-Eberhart, Barbara (2017): „Federleicht. Die kreative Schreibwerkstatt. Wie die Kraft Ihrer Worte zur Lebenskraft wird."; S. 132ff; München: Integral Verlag;

*Hinführung und Übung 2:*

- Pachl-Eberhart, Barbara (2017): „Federleicht. Die kreative Schreibwerkstatt. Wie die Kraft Ihrer Worte zur Lebenskraft wird."; S. 133ff; München: Integral Verlag;

*Hinführung und Übung 3:*

- Pachl-Eberhart, Barbara (2017): „Federleicht. Die kreative Schreibwerkstatt. Wie die Kraft Ihrer Worte zur Lebenskraft wird."; S. 128ff; München: Integral Verlag;

**4.11 Schreibwerkstatt „Gedichte – Schöne Poesie"**

Herzlich willkommen in der Schreibwerkstatt!

Ich freue mich, dass Sie heute wieder mit dabei sind und sich mit dem Kreativen Schreiben beschäftigen wollen!

Auch heute bleiben wir im Bereich der Gedichte und dieses Mal stelle ich Ihnen ebenfalls einige schöne sowie besondere Gedichtformen vor.

Lassen Sie sich überraschen und seien Sie offen für das, was dabei entsteht:

**Übung 1: „Collage"**

Unsere erste Übung ist die Collage. Hierzu brauchen wir eine alte Zeitung, aus der wir einzelne Wörter herausschneiden. Diese vermischen wir gut und erstellen daraus ein Gedicht.

**Übung 2: „Figurengedicht"**

Beim Figurengedicht (oder auch Bildgedicht genannt) wird der Text kreativ dargestellt.

Hierzu brauchen wir zuerst ein Kernwort, denn das ist die Grundlage für das Figurengedicht, dass wir nun erstellen werden.

Damit Sie sich das besser vorstellen können, kommt das folgende Beispiel:

Das Kernwort lautet Fallschirm.

```
          Fallschirm    Fallschirm
  Fallschirm    Fallschirm    Fallschirm
       Fallschirm    Fallschirm
                      -schirm

              I
              I
              a
              F
```

**Übung 3: „Enjambement"**

Auch bei diesem Gedicht werden wir nicht reimen. Hier beenden wir unsere Sätze nicht am Ende einer Verszeile, sondern führen diese in der nächsten Zeile weiter.

Wie sich das wohl liest?

Ein Beispiel:

Einer dieser

Tage, an denen das

Glück

endlos scheint.


So

könnte es

ewig weitergehen.


Viel Spaß sowie Freude bei den Übungen!

Und bis zur nächsten Schreibwerkstatt wünsche ich Ihnen alles Gute!


**Quellen:**

*Übung 1:*

- von Werder, Lutz (2007): „Lehrbuch des kreativen Schreibens"; S. 136ff; Wiesbaden: Marix Verlag GmbH;

*Übung 2:*

- von Werder, Lutz (2007): „Lehrbuch des kreativen Schreibens"; S. 263; Wiesbaden: Marix Verlag GmbH;

*Übung 3:*

- von Werder, Lutz (2007): „Lehrbuch des kreativen Schreibens"; S. 144ff; Wiesbaden: Marix Verlag GmbH;


## 4.12 Schreibwerkstatt „Gedichte – Besondere Poesie"

Herzlich willkommen in der Schreibwerkstatt!

Schön, dass Sie heute wieder mit dabei sind und sich zum Schreiben inspirieren lassen wollen!


In der heutigen Schreibwerkstatt widmen wir uns zum letzten Mal den Gedichten. Und zwar stelle ich Ihnen die folgenden drei besonderen Gedichtformen vor.

Lassen Sie sich überraschen und seien Sie offen für das, was dabei entsteht:


### Übung 1: „Elfchen"

Diese Gedichtform besteht aus fünf Zeilen und insgesamt 11 Wörtern. Auch in diesem Gedicht gibt es keine klassische Reimform. In der ersten Zeile steht ein Wort, welches das Thema des Elfchens vorgibt. In der zweiten Zeile stehen zwei Wörter, in der dritten Zeile drei, in der vierten Zeile vier und in der fünften Zeile nur ein Wort.

Ein Beispiel:
Herbst
Welke Blätter
Vom Winde verweht
Fliegen davon nach irgendwo
Ferne

## Übung 2: „Haiku"

Beim Haiku handelt es sich um ein Gedicht, welches aus drei Zeilen besteht. Darüber hinaus umfasst es 17 Silben, welche sich auf die drei Zeilen wie folgt verteilen: In der ersten Zeile stehen fünf Silben, in der zweiten Zeile sieben und in der dritten Zeile wieder fünf Silben.

Auch hier ein Beispiel:
Zeiten ändern sich.
Ein neues Jahr. Neues Glück.
Was kommt wohl? Gutes?

## Übung 3: „Gedicht mit Tiefsinn"

Im folgenden Gedicht beschreiben wir ein Gefühl. Sie haben dabei die freie Wahl, ob Sie sich für ein schönes oder eines, über welches Sie lieber schweigen, entscheiden. Durch die Art, wie wir es nun beschreiben, fällt es uns leichter, es auszudrücken.

In der ersten Zeile nennen Sie eine Farbe, die für das Gefühl steht. In der zweiten Zeile nennen Sie den Geschmack, den Sie dem Gefühl zuordnen. In der dritten Zeile nennen Sie den Geruch des Gefühls. Wie das Gefühl aussieht bzw. welche Form es hat, kommt in die vierte Zeile. Der Ton oder Klang des Gefühls, steht in der fünften Zeile. Und die Erlebnisqualität steht in der letzten Zeile.

So beschreiben wir das Gefühl und verwenden dafür Bilder, die wir alle aus dem Alltag kennen.

Beispiel Liebe:
Liebe ist so rot wie ein Granat
Liebe schmeckt zuckersüß
Liebe riecht nach dem geliebten Menschen
Liebe sieht aus wie ein übergroßes Herz
Liebe hört sich an wie ein wunderschönes Lied
Liebe lässt mich glücklich fühlen – und manchmal auch tieftraurig.

Viel Spaß sowie Freude bei den Übungen!

Und bis zur nächsten Schreibwerkstatt wünsche ich Ihnen alles Gute!


**Quellen:**

*Hinführung und Übung 1:*

- Martini, Heidrun in B. Hoffmann/ H. Martini/ U. Martini/ G. Rebel/ H.H.Wickel/ E. Wilhelm (2004): „Gestaltungspädagogik in der Sozialen Arbeit"; S. 271; Paderborn: Verlag Ferdinand Schöningh;

*Hinführung und Übung 2:*

- von Werder, Lutz (2007): „Lehrbuch des kreativen Schreibens"; S. 256; Wiesbaden: Marix Verlag GmbH;

*Hinführung und Übung 3:*

- von Werder, Lutz (2007): „Lehrbuch des kreativen Schreibens"; S. 253; Wiesbaden: Marix Verlag GmbH;


## 4.13 Schreibwerkstatt „Krimis – Phantastische Krimis"

Herzlich willkommen in der Schreibwerkstatt!

Ich freue mich, dass Sie heute wieder mit dabei sind und sich zum Schreiben inspirieren lassen wollen!


Ab heute werden wir uns in der Schreibwerkstatt mit dem Schreiben von Kriminalgeschichten beschäftigen. Krimis gehören zu den Textarten, die viele Menschen beim Lesen ansprechen. Und viele haben sogar den Wunsch, selbst einmal kriminelle Phantasien zu Texten verarbeiten zu können.

Dieses Mal werden wir die folgenden Übungen durchführen. Ich bin gespannt, wie es Ihnen damit geht:


### Übung 1: „Geheimschrift"

Bei Kriminalgeschichten geht es um viele geheimnisvolle Dinge, die erst nach längerer Arbeit und Suche aufgedeckt werden können. So auch manches Mal Texte, die aufgrund einer Geheimschrift auf den ersten Blick nicht zu lesen sind.

Sie werden nun eine eigene Geheimschrift entwickeln: Schreiben Sie einen Text und schreiben oder kritzeln Sie diesen so, dass man Ihre Schrift nicht lesen kann. Machen Sie es wie die Kinder, die noch nicht schreiben können, und dennoch das Schreiben von (teilweise fantastischen)

Buchstaben üben. Lassen Sie sich dabei gerne Zeit. Was könnte am Ende der Übung auf Ihrem Blatt stehen?

**Übung 2: „Schreiben zu Schreibbildern"**

Schreibbilder sind eine Art visuelle Stimuli, die uns vor allem beim Schreibanfang unterstützen. Denn sie regen uns auf spielerische Art an, uns vorzustellen, wie unsere Geschichte wohl beginnen könnte.

Sie müssen dabei nicht gleich mit dem Schreiben starten, sondern können sich auch erst einmal mit dem Bild beschäftigen, indem Sie es sich ansehen oder mit Ihrem Stift malerische Ergänzungen darauf vornehmen. Dabei können Sie sich überlegen, um was es in Ihrer (Kriminal-) Geschichte gehen soll.

Mein selbst gemaltes Bild (man möge mir mein wenig gut ausgeprägtes Zeichentalent verzeihen) soll einen bisher versteckten Höhleneingang darstellen. Ihr Protagonist / Ihre Protagonistin ist auf diesen gestoßen und geht nun in die Höhle hinein. Was er / sie wohl dabei geheimnisvolles entdeckt?

Viel Spaß sowie Freude bei den Übungen!
Und bis zur nächsten Schreibwerkstatt wünsche ich Ihnen alles Gute!

**Quellen:**

*Hinführung und Übung 1:*

- Pachl-Eberhart, Barbara (2017): „Federleicht. Die kreative Schreibwerkstatt. Wie die Kraft Ihrer Worte zur Lebenskraft wird."; S. 67; München: Integral Verlag;

*Hinführung und Übung 2:*

- von Werder, Lutz (2007): „Lehrbuch des kreativen Schreibens"; S. 232ff; Wiesbaden: Marix Verlag GmbH;

## 4.14 Schreibwerkstatt „Krimis – Geheimnisvolle Verbrechen"

Herzlich willkommen in der Schreibwerkstatt!

Schön, dass Sie heute wieder mit dabei sind und sich mit dem Kreativen Schreiben beschäftigen wollen!

Auch in der heutigen Schreibwerkstatt geht es um das Schreiben von Kriminalgeschichten. Krimis gehören zu den Textarten, die viele Menschen beim Lesen ansprechen. Und viele haben sogar den Wunsch, selbst einmal solche Phantasien zu Texten verarbeiten zu können. Dieses Mal werden wir uns mit kriminellen Verbrechen sowie Geheimnissen schreibend auseinandersetzen. Für die in der heutigen und auch in den nächsten Krimi-Schreibwerkstätten entstehenden Texte macht es Sinn, wenn Sie sich immer mit dem gleichen Fall beschäftigen.

Wir werden nun die folgenden Übungen durchführen:

### Übung 1: „Das Verbrechen"

Durch die Medien werden viele Verbrechen der breiten Öffentlichkeit bekannt. Berichten Sie nun über eines, dass Ihnen besonders in Erinnerung geblieben ist, weil dieses Verbrechen Sie, aus welchen Gründen auch immer, sehr beschäftigt hat.

Diese Übung können Sie unter Zuhilfenahme der Clustermethode umsetzen. Schreiben Sie also in die Mitte ein Kernwort zu diesem Verbrechen, kreisen Sie es ein und notieren Sie sich alles, was Ihnen in diesem Zusammenhang einfällt. Wenn Sie alles erwähnenswerte niedergeschrieben haben, beginnen Sie mit dem Schreiben eines Textes über dieses Verbrechen.

### Übung 2: „Das Geheimnis"

Ersinnen Sie nun einen Täter / eine Täterin für das oben beschriebene Verbrechen. Und lassen Sie die Person unverdächtig sein.

Im Umkehrschluss überlegen Sie sich eine Person, die mit dem Verbrechen überhaupt nichts zu tun hat, und lassen Sie diese verdächtig erscheinen.

Auch hier können Sie die Clustermethode (siehe Beschreibung in der ersten Übung) verwenden.

Viel Spaß sowie Freude bei den Übungen!

Und bis zur nächsten Schreibwerkstatt wünsche ich Ihnen alles Gute!

### Quellen:

*Hinführung und Übung 1:*

- von Werder, Lutz (2007): „Lehrbuch des kreativen Schreibens"; S. 149ff; Wiesbaden: Marix

Verlag GmbH;

*Hinführung und Übung 2:*

- von Werder, Lutz (2007): „Lehrbuch des kreativen Schreibens"; S. 149ff; Wiesbaden: Marix Verlag GmbH;

## 4.15 Schreibwerkstatt „Krimis – Der Mörder war immer der Gärtner, oder wie?"

Herzlich willkommen in der Schreibwerkstatt!

Ich freue mich, dass Sie heute wieder mit dabei sind und sich mit dem Kreativen Schreiben beschäftigen wollen!

In der heutigen Schreibwerkstatt geht es wieder um das Schreiben von Kriminalgeschichten. Krimis gehören zu den Textarten, die viele Menschen beim Lesen ansprechen. Und viele haben sogar den Wunsch, selbst einmal kriminelle Phantasien zu Texten verarbeiten zu können. Nun werden wir uns eingehender mit dem Täter oder der Täterin, seinen oder ihren Spuren sowie dem Detektiv oder der Detektivin auseinandersetzen.

Nehmen Sie dabei Bezug auf den in der letzten Schreibwerkstatt verwendeten Fall und die damals entstandenen Texte.

Lassen Sie sich überraschen und seien Sie offen für das, was Sie heute zu Papier bringen:

### Übung 1: „Der Täter oder die Täterin"

In dieser Übung geht es darum, dass Sie einen Täter oder eine Täterin entwickeln. Überlegen Sie sich: Wie sieht die Person aus? Wie tritt sie auf? Wie ist ihr Charakter? Wie verlief bisher ihr Leben? Gibt es einen Partner in ihrem Leben?

Wenn Sie wollen, können Sie diese Übung unter Zuhilfenahme der Clustermethode umsetzen. Schreiben Sie also in die Mitte ein Kernwort zur Tatperson, kreisen Sie es ein und notieren Sie sich alles, was Ihnen in diesem Zusammenhang einfällt. Wenn Sie alles erwähnenswerte niedergeschrieben haben, beginnen Sie mit dem Schreiben eines Textes über den Täter oder die Täterin.

### Übung 2: „Seine oder Ihre Spuren"

Nun geht es um die Spuren der Tatperson am Tatort. Hierzu können Sie zum einen den Tatort selbst genau beschreiben. Zum anderen erzählen Sie in Ihrem Text über die Suche nach den Spuren. Was ergibt wohl die Spurensuche?

### Übung 3: „Der Detektiv oder die Detektivin"

Lassen Sie nun den Detektiven oder die Detektivin schreibend lebendig werden. Wie sieht er / sie aus und wie ist sein / ihr Auftreten? Wie ist sein / ihr Charakter? Wie verlief sein / ihr bisheriges Leben? Ist er / sie in einer Beziehung? Vielleicht mögen Sie sich dabei von berühmten Detektiven inspirieren lassen.

Auch hier können Sie gerne die Clustermethode (Beschreibung siehe erste Übung) verwenden.

Viel Spaß sowie Freude bei den Übungen!

Und bis zur nächsten Schreibwerkstatt wünsche ich Ihnen alles Gute!

**Quellen:**

*Hinführung und Übung 1:*

- von Werder, Lutz (2007): „Lehrbuch des kreativen Schreibens"; S. 149ff; Wiesbaden: Marix Verlag GmbH;

*Hinführung und Übung 2:*

- von Werder, Lutz (2007): „Lehrbuch des kreativen Schreibens"; S. 149ff; Wiesbaden: Marix Verlag GmbH;

*Hinführung und Übung 3:*

- von Werder, Lutz (2007): „Lehrbuch des kreativen Schreibens"; S. 149ff; Wiesbaden: Marix Verlag GmbH;

## 4.16 Schreibwerkstatt „Krimis – Wie arbeitet der Detektiv / die Detektivin, um den Fall aufzulösen?"

Herzlich willkommen in der Schreibwerkstatt!

Schön, dass Sie heute wieder mit dabei sind und sich zum Kreativen Schreiben inspirieren lassen wollen!

Heute geht es in der Schreibwerkstatt wieder um das Schreiben von Kriminalgeschichten. Krimis gehören zu den Textarten, die viele Menschen beim Lesen ansprechen. Und viele haben sogar den Wunsch, selbst einmal kriminelle Phantasien zu Texten verarbeiten zu können.

Dieses Mal überlegen wir uns, wie der Detektiv oder die Detektivin arbeitet, um den Fall auflösen zu können. Nehmen Sie dabei Bezug auf den in den letzten Schreibwerkstätten verwendeten Fall und die damals entstandenen Texte.

Lassen Sie sich überraschen und seien Sie offen für das, was Sie heute zu Papier bringen:

**Übung 1: „Die Arbeit des Detektivs / der Detektivin"**

Nachdem Sie bereits das Verbrechen selbst beschrieben haben, geht es nun darum, die Vorgeschichte hierfür zu schildern. Was ist wohl im Vorfeld der Tat passiert? Und wie hat der Detektiv oder die Detektivin die notwendigen, einzelnen Informationen für die jeweiligen Teile der Vorgeschichte erhalten?

**Übung 2: „Die Auflösung des Falles"**

Auch den Täter oder die Täterin haben Sie bereits charakterisiert. Im nächsten Schritt geht es darum, dass der Detektiv oder die Detektivin die Tatperson verhören muss. Denn er / sie braucht ein Geständnis, um so den Fall aufklären zu können. Schreiben Sie nun das Verhörgespräch zwischen der Tatperson und dem Detektiven / der Detektivin auf. Dabei können Sie frei entscheiden, ob das Verhör erfolgreich verläuft und die Tatperson das Verbrechen gesteht oder ob es von Misserfolg gekrönt ist, da die Tatperson nicht gesteht oder falsche Fährten legt.

Viel Spaß sowie Freude bei den Übungen!
Und bis zur nächsten Schreibwerkstatt wünsche ich Ihnen alles Gute!

**Quellen:**

*Hinführung und Übung 1:*
- von Werder, Lutz (2007): „Lehrbuch des kreativen Schreibens"; S. 149ff; Wiesbaden: Marix Verlag GmbH;

*Hinführung und Übung 2:*
- von Werder, Lutz (2007): „Lehrbuch des kreativen Schreibens"; S. 149ff; Wiesbaden: Marix Verlag GmbH;

**4.17 Schreibwerkstatt Krimis – Zusammenfassung der bisherigen Erkenntnisse**

Herzlich willkommen in der Schreibwerkstatt!

Ich freue mich, dass Sie heute wieder mit dabei sind und sich zum Kreativen Schreiben inspirieren lassen wollen!

Heute geht es in der Schreibwerkstatt zum letzten Mal um das Schreiben von Kriminalgeschichten. Krimis gehören zu den Textarten, die viele Menschen beim Lesen ansprechen. Und viele haben sogar den Wunsch, selbst einmal kriminelle Phantasien zu Texten verarbeiten zu können.
Dieses Mal werden wir eine komplette Krimigeschichte schreiben. Nehmen Sie dazu Bezug auf den in den letzten Schreibwerkstätten verwendeten Fall und die damals entstandenen Texte. Lassen Sie sich überraschen und seien Sie gespannt, wie Ihre Kriminalgeschichte komplett wird:

**Übung 1: „Krimi-Cluster"**

Auch bei einer kompletten Kriminalgeschichte können Sie sich der Clustermethode bedienen. Hierzu brauchen Sie die Kernwörter „Detektiv / Detektivin", „Verbrechen", „Ermittlungen (Vorgeschichte der Tat, Verhöre, Informationen beschaffen und ordnen)" und „Enttarnung der Tatperson". Um diese einzelnen Kernwörter herum notieren Sie Ihre Einfälle und schreiben darauf aufbauend Ihren Krimi. Da Sie bereits in den letzten Schreibwerkstätten zum Thema Kriminalgeschichten fleißig waren, können Sie Ihre dabei entstandenen Texte bei dieser Übung verwenden und mit einbauen.

**Übung 2: „Verschiedene Erzählperspektiven"**

Wenn Sie Ihren Krimi fertig geschrieben haben, können Sie sich überlegen, inwieweit Veränderungen möglich sind. Welche Person aus Ihrer Kriminalgeschichte könnte sie erzählen und wie würde sich das auf den Verlauf Ihrer Geschichte auswirken?
*(vgl. Waldmann, G. (1980): „Literatur zur Unterhaltung"; Bd. 1; Reinbek; zitiert nach von Werder, Lutz (2007): „Lehrbuch des kreativen Schreibens"; S. 149ff; Wiesbaden: Marix Verlag GmbH)*

Viel Spaß sowie Freude bei den Übungen!
Und bis zur nächsten Schreibwerkstatt wünsche ich Ihnen alles Gute!

**Quellen:**

*Hinführung und Übung 1:*
- von Werder, Lutz (2007): „Lehrbuch des kreativen Schreibens"; S. 149ff; Wiesbaden: Marix Verlag GmbH;

*Hinführung und Übung 2:*
- von Werder, Lutz (2007): „Lehrbuch des kreativen Schreibens"; S. 149ff; Wiesbaden: Marix Verlag GmbH;

**4.18 Schreibwerkstatt „Fantastisches Schreiben – Unbekanntes und Träumereien"**

Herzlich willkommen in der Schreibwerkstatt!
Schön, dass Sie auch heute wieder mit dabei sind und sich mit dem Kreativen Schreiben beschäftigen wollen!

Beim letzten Mal haben wir den Themenbereich der Kriminalgeschichten abgeschlossen. Und heute beginnen wir mit dem Fantastischen Schreiben, bei dem wir weniger über die reale Welt schreiben werden. Denn ähnlich wie bei den Genres Science Fiction und dem Utopischen Schreiben lassen wir uns auch hier von unserer Fantasie anregen und erschaffen schreibend eine andere Welt.

Ich bin gespannt, wie es Ihnen mit diesem Thema geht. Lassen Sie sich einfach anregen von den folgenden Übungen:

### Übung 1: „Der unbekannte Ort"

Mit dieser Übung fangen wir noch recht realitätsnah an. Überlegen Sie sich einen Ort (z. B. ein Museum oder eine Gastwirtschaft), an dem Sie vorher noch nicht waren und der gleich um die Ecke liegt. Und nun können Sie Ihrer Fantasie freien Lauf lassen und den Ort so darstellen, wie er aus Ihrer Sicht ist. Schreiben Sie über ihn und seine Einzelheiten so genau wie möglich.

### Übung 2: „Fantasiewesen"

Bei der folgenden Übung werden wir ein Fantasiewesen schreibend erfinden.
Nehmen Sie sich genügend Zeit und stellen sich Ihr Fantasiewesen genau vor. Wie sieht es aus? Welche Eigenschaften hat es wohl? Wo kommt es her? Was würde es wohl über seine vergangenen Tage erzählen? Wie wäre es, wenn Sie Ihr Fantasiewesen einen Tag lang begleiten würden? Was würde es Ihnen antworten, wenn Sie es um Rat bitten würden? Lassen Sie Ihrer Fantasie beim Nachdenken und gerne auch beim anschließenden Schreiben über Ihr Fantasiewesen freien Lauf.

### Übung 3: „Tagträumerei"

Träume in der Nacht sind spannend und interessant. Dennoch beschäftigen wir uns nun schreibend mit unseren Tagträumen. Das können mögliche Lebensformen, verrückte Träume oder noch nicht erfüllte Wünsche sein, mit denen Sie sich nun beschäftigen. Stellen Sie sich ganz frank und frei vor, wie es wohl wäre, wenn Sie Ihre Träume leben könnten.

Viel Spaß sowie Freude bei den Übungen!
Und bis zur nächsten Schreibwerkstatt wünsche ich Ihnen alles Gute!

**Quellen:**
*Hinführung und Übung 1:*
- Pachl-Eberhart, Barbara (2017): „Federleicht. Die kreative Schreibwerkstatt. Wie die Kraft Ihrer Worte zur Lebenskraft wird."; S. 158ff; München: Integral Verlag;

*Hinführung und Übung 2:*
- Pachl-Eberhart, Barbara (2017): „Federleicht. Die kreative Schreibwerkstatt. Wie die Kraft Ihrer Worte zur Lebenskraft wird."; S. 308ff; München: Integral Verlag;

*Hinführung und Übung 3:*

● Pachl-Eberhart, Barbara (2017): „Federleicht. Die kreative Schreibwerkstatt. Wie die Kraft Ihrer Worte zur Lebenskraft wird."; S. 359; München: Integral Verlag;

## 4.19 Schreibwerkstatt „Fantastisches Schreiben – Ausflug in den Bereich Science Fiction"

Herzlich willkommen in der Schreibwerkstatt!

Ich freue mich, dass Sie wieder mit dabei sind und sich zum Schreiben inspirieren lassen wollen!

Beim letzten Mal begannen wir mit dem Fantastischen Schreiben. Im Rahmen dieses Bereichs machen wir nun einen Ausflug in das Schreiben von Science-Fiction-Geschichten. Dieses Genre beschäftigt sich, sehr kurz zusammengefasst, mit der Weiterentwicklung der Welt sowie den Menschen in der Zukunft. Auch Raumfahrtfantasien, das Leben auf anderen Planeten sowie andere Zivilisationen finden in diesem Bereich Platz. Dabei spielen wissenschaftlich-technische Aspekte eine große Rolle. Die Geschichten handeln von Krisen, der Lösungssuche sowie dem Happy-End oder der Veränderung einer schlechten Situation in eine gute.

Lassen Sie sich überraschen und seien Sie offen für das, was Sie heute zu Papier bringen:

### Übung 1: „Der Geheimbund"

Stellen Sie sich vor, Sie sind Mitglied eines Geheimbundes. Nehmen Sie sich nun, solange Sie wollen, Zeit und malen Sie sich aus, welche Aufgaben sowie Ziele dieser Bund hat und wer seine Mitglieder sind.

Stellen Sie sich weiterhin vor, Ihr Geheimbund unternimmt eine Reise in eine andere Welt. Lassen Sie auch hier Ihrer Fantasie freien Lauf und entwerfen Sie diese. Welche Menschen leben dort? Und vor allem: Wie leben sie dort? Welche Ziele verbindet Ihr Geheimbund mit dem Leben in dieser anderen Welt?

Abschließend können Sie sich vorstellen, dass sich in den Reihen Ihres Geheimbundes ein Verräter befindet. Beschreiben Sie, wie es zu seiner Entdeckung kommt, welche Pläne er hatte und wie es mit ihm weitergeht.

Schreiben Sie alle Ihre Gedanken und Fantasien in einer Geschichte nieder, und zwar so, dass Ihr Geheimbund sich von einer schlechten Situation in eine gute bewegt.

Für diese Übung können Sie sich, wenn Sie wollen, auch von Hermann Hesses „Morgenlandfahrt" anregen lassen.

### Übung 2: „Spielmodell"

Suchen Sie sich nun aus der folgenden Tabelle zwei Elemente aus. Nehmen Sie sich auch hier wieder die Zeit, sich die beiden Elemente in Ihrer Fantasie auszumalen und vorzustellen. Im Anschluss schreiben Sie Ihre Geschichte nieder.

| Annahme | Handlung | Problem |
|---|---|---|
| Es gibt ein Gesetz, nach dem jeder Mensch nur noch zwei Stunden am Tag arbeiten muss (darf). | Ich mache eine (Raum-, Zeit-) Reise; dort wo ich hinkomme, gibt es … | Ich gerate in eine sehr schwierige Lage. |
| Es gibt eine Computer-Lernmethode, mit der man zehnmal soviel lernen kann wie nach alten Verfahren | Ich finde in dem alten, halbverfallenen Gebäude, das wohl einmal ein Forschungsinstitut (ein Tempel) war, … | Ich setze mich glänzend durch. |
| Es gibt eine Droge, die den, dem man sie eingibt, zwingt, die Wahrheit zu sagen. | Ich habe einen Verdacht. | Ich komme in einen Gewissenskonflikt. |
| Es gibt eine Droge, die unangenehme Erinnerungen und Erfahrungen für immer auslöscht. | Ich will hinter ein Geheimnis kommen. | Ich scheitere und verzweifle. |

*(Tabelle (gekürzt) aus: Waldmann G. (1981): „Literatur zur Unterhaltung"; Bd. 1, S. 332; Reinbek; zitiert nach von Werder, Lutz (2007): „Lehrbuch des kreativen Schreibens"; S. 187ff; Wiesbaden: Marix Verlag GmbH;)*

Viel Spaß sowie Freude bei den Übungen!
Und bis zur nächsten Schreibwerkstatt wünsche ich Ihnen alles Gute!

**Quellen:**
*Hinführung und Übung 1:*
- von Werder, Lutz (2007): „Lehrbuch des kreativen Schreibens"; S. 137ff; Wiesbaden: Marix Verlag GmbH;
*Hinführung und Übung 2:*
- von Werder, Lutz (2007): „Lehrbuch des kreativen Schreibens"; S. 137ff; Wiesbaden: Marix Verlag GmbH;

**4.20 Schreibwerkstatt „Fantastisches Schreiben – Ausflug in den Bereich Science Fiction"**

Herzlich willkommen in der Schreibwerkstatt!

Schön, dass Sie wieder mit dabei sind und sich zum Schreiben inspirieren lassen wollen!

Auch heute werden wir uns noch einmal schreibend mit dem Bereich der Science Fiction beschäftigen. Dieses Genre setzt sich, sehr kurz zusammengefasst, mit der Weiterentwicklung der Welt sowie den Menschen in der Zukunft auseinander. Auch Raumfahrtfantasien, das Leben auf anderen Planeten sowie andere Zivilisationen finden in diesem Bereich Platz. Dabei spielen wissenschaftlich-technische Aspekte eine große Rolle. Die Geschichten handeln von Krisen, der Lösungssuche sowie dem Happy-End oder der Veränderung einer schlechten Situation in eine gute.

Dieses Mal werden wir diese Übungen machen:

**Übung 1: „Wie wir die Krise bewältigten"**

Wie wäre es wohl, wenn Außerirdische auf die Erde kommen würden? Stellen Sie sich vor, es würde zu einer Auseinandersetzung zwischen den Außerirdischen und den Menschen kommen. Wer greift in diese mit ein (z. B. ein verwirrter Professor, ein seltsames Kind)? Wie würde diese ausgehen? Wie wäre es, wenn sich Beteiligte aus beiden Lagern ineinander verlieben würden? Oder stammen die Außerirdischen ursprünglich auch von der Erde?

Lassen Sie Ihrer Fantasie freien Lauf, wenn Sie sich zu den oben genannten Fragen ein Bild von dieser Situation machen. Schreiben Sie im Anschluss die Geschichte auf und lassen Sie sie gut ausgehen.

**Übung 2: „Die ideale Gesellschaft"**

Stellen Sie sich vor, Sie sind Zeitzeuge! Und zwar haben Sie hautnah miterlebt, wie im Jahre 2600 auf einem Planeten die ideale Gesellschaft aufgebaut wird. Damit diese Ereignisse um den Aufbau nicht in Vergessenheit geraten, werden Sie gebeten, aufzuschreiben, wie es dazu kommen konnte.

Lassen Sie Ihrer Fantasie auch hier freien Lauf!

Viel Spaß sowie Freude bei den Übungen!

Und bis zur nächsten Schreibwerkstatt wünsche ich Ihnen alles Gute!

**Quellen:**

*Hinführung und Übung 1:*

- von Werder, Lutz (2007): „Lehrbuch des kreativen Schreibens"; S. 187ff; Wiesbaden: Marix Verlag GmbH;

*Hinführung und Übung 2:*

- von Werder, Lutz (2007): „Lehrbuch des kreativen Schreibens"; S. 187ff; Wiesbaden: Marix Verlag GmbH;

## 4.21 Schreibwerkstatt „Fantastisches Schreiben – Ausflug ins Utopische Schreiben"

Herzlich willkommen in der Schreibwerkstatt!

Ich freue mich, dass Sie wieder mit dabei sind. Schön, dass Sie sich mit dem Kreativen Schreiben beschäftigen wollen!

Dieses Mal schließen wir den Bereich des Fantastischen Schreibens mit dem Utopischen Schreiben ab. Das Utopische Schreiben setzt sich ebenfalls mit der Zukunft auseinander. Allerdings spielen hier, im Gegensatz zum Science Fiction, wissenschaftlich-technische Aspekte eine geringere Rolle. Stattdessen geht es beim Utopischen Schreiben darum, wie sich die Gesellschaft in der Zukunft verändern könnte.

Lassen Sie sich überraschen und seien Sie offen für das, was Sie heute zu Papier bringen:

### Übung 1: „Tagträume über Abenteuerideen"

Stellen Sie sich vor, Sie könnten einmal, zumindest schreibend, ein ganz besonderes Abenteuer, sei es im Beruf oder in Ihrem Privatleben, erleben. Welches wäre das? Und vor allem: Wie würde es Ihnen mit Ihrem Abenteuer ergehen? Fantasieren Sie frei drauf los!

*(vgl. Bloch, E. (1959): „Grundsätzliche Unterschiede der Tagträume von den Nachtträumen", S. 86 – 128; In: ders.: Prinzip Hoffnung; Frankfurt/Main; zitiert nach: von Werder, Lutz (2007): „Lehrbuch des kreativen Schreibens"; S. 193ff; Wiesbaden: Marix Verlag GmbH)*

### Übung 2: „Wie könnte die ideale Gesellschaft der Zukunft aussehen?"

Entwerfen Sie eine aus Ihrer Sicht ideale Gesellschaft der Zukunft! Wie werden die Menschen in dieser idealen Gesellschaft leben und arbeiten? Wie gestaltet sich dann das soziale Leben? Wie ist es mit ökologischen oder kulturellen Dingen? Lassen Sie Ihrer Fantasie auch hier freien Lauf!

*(vgl. Bloch, E. (1959): „Grundsätzliche Unterschiede der Tagträume von den Nachtträumen", S. 86 – 128; In: ders.: Prinzip Hoffnung; Frankfurt/Main; zitiert nach: von Werder, Lutz (2007): „Lehrbuch des kreativen Schreibens"; S. 193ff; Wiesbaden: Marix Verlag GmbH)*

Viel Spaß sowie Freude bei den Übungen!

Und bis zur nächsten Schreibwerkstatt wünsche ich Ihnen alles Gute!

**Quellen:**

*Hinführung und Übung 1:*

- von Werder, Lutz (2007): „Lehrbuch des kreativen Schreibens"; S. 193ff; Wiesbaden: Marix Verlag GmbH;

*Hinführung und Übung 2:*

- von Werder, Lutz (2007): „Lehrbuch des kreativen Schreibens"; S. 193ff; Wiesbaden: Marix Verlag GmbH;

## 4.22 Schreibwerkstatt „Märchen - Märchenhaft"

Herzlich willkommen in der Schreibwerkstatt!

Schön, dass Sie wieder mit dabei sind und sich zum Schreiben inspirieren lassen wollen!

Heute beginnen wir mit einem neuen Thema, nämlich dem Schreiben von Märchen. Die meisten von uns haben sie erzählt bekommen, selbst gelesen oder auch die Märchenfilme im Fernsehen gesehen. Märchen stellen eine Möglichkeit dar, in eine mystische Welt abzutauchen, in der es einen Helden oder eine Heldin gibt. Auch wenn diese Prüfungen zu bestehen und Feinde haben, so gehen die Märchen meist gut aus.

Lassen Sie Ihrer Fantasie freien Lauf und seien Sie gespannt, wie es Ihnen selbst beim Schreiben von Märchen geht:

### Übung 1: „Märchenlotterie"

Wählen Sie aus der folgenden Tabelle je eine Märchenfigur, einen Handlungsort sowie ein Schicksal aus. Sie können diese so wählen, dass sie aus unterschiedlichen Märchen stammen. Malen Sie sich nun aus, wie Ihre Märchenfigur ihre Prüfung besteht und welche Hilfe sie dabei erfährt. Abschließend schreiben Sie Ihr Märchen auf.

| Märchenfigur | Handlungsort | Schicksal |
|---|---|---|
| Tischlein deck dich | Schloss | Die Märchenfigur macht sich über Dinge zu viele Gedanken. |
| Schneewittchen | Wald | Die Märchenfigur ist verzaubert worden und muss erlöst werden. |
| Die kluge Else | Ein Teich | Drei Brüder werden von einem Wirt beklaut. |
| Der Froschkönig | Eine einsame Hütte | Die böse Stiefmutter trachtet der Märchenfigur nach dem Leben. |

**Übung 2: „Schreiben nach einer märchenhaften Vorlage"**

Schreiben Sie den Anfang des folgenden Märchens weiter und lassen Sie Ihrer Fantasie dabei freien Lauf. Alternativ können Sie es z. B. aus Sicht einer der Protagonisten weiterschreiben. Die Textvorgabe lautet:

*„Die Gänsemagd am Brunnen*

*Es war einmal ein uraltes Mütterchen, das mit seiner Herde Gänse in einem kleinen Haus in den Bergen lebte. Jeden Morgen nahm die Alte ihre Krücke und wackelte in den Wald. Da war das Mütterchen so fleißig, wie man es bei seinem hohen Alter kaum glauben konnte, sammelte Gras für die Gänse, Feuerholz für sich selbst und wildes Obst. Das alles trug sie auf dem Rücken heim, dass man meinte, sie müsste zusammenbrechen. Wenn ihr jemand begegnete, grüßte sie freundlich: „Guten Tag! Schönes Wetter heute. Ihr staunt, wie ich schleppe? Nun, jeder muss sein Päckchen tragen." Doch die Leute sahen sie nicht so gerne und gingen ihr aus dem Weg, denn sie meinten, sie sei eine Hexe.*

*Eines Morgens ging ein hübscher junger Mann durch den Wald. Die Sonne schien, die Vögel zwitscherten, ein kühles Lüftchen strich ihm durchs Haar, und er war vergnügt. Plötzlich sah er die alte Hexe, wie sie am Boden Gras abschnitt. Ein ganzes Tragtuch hatte sie schon voll, und daneben stand ein großer Korb mit Feuerholz.*

*„Mütterchen", sagte er, „wie kannst du dies tragen?"*

*„Ich muss halt", sprach sie, „reiche Leute brauchen das nicht. Aber die Bauern sagen: Schau dich nicht um, Dein Buckel ist krumm!*

*Wollt Ihr mir helfen? Ihr seid jung und stark und werdet es leicht haben. Mein Haus ist gar nicht weit, grade hinter dem Berg. Ihr seid gleich da.*

*Gutmütig sagte der junge Mann: „Mein Vater ist zwar kein Bauer, sondern ein Graf, aber damit Ihr seht, dass auch wir tragen können, will ich euch gern helfen.*

*„Mir soll es recht sein", sprach sie. „Eine Stunde werdet Ihr schon gehen müssen und auch das Holz tragen." Als der junge Graf von einer Stunde hörte, kam es ihm doch lang vor, aber die Alte ließ nun nicht locker und hängte ihm alle Last um.*

*„Seht Ihr, es ist ganz leicht", sagte sie.*

*„Nein, es ist nicht leicht", antwortete er. „Das Bündel ist so schwer, als wären Steine darin. Ich kann kaum atmen." Fast wollte er alles wieder ablegen, aber die Alte ließ es nicht zu und spottete: „Seht mal, der junge Herr schafft kaum das, was ich alte Frau alle Tage schleppe! Erst schöne Worte machen und sich dann herausreden wollen! Nun geht schon voran, es nimmt Euch keiner das Bündel wieder ab!"*

*Auf der Ebene ging es ja noch, aber als sie an den Berg kamen und der Weg holprig wurde, verließen ihn fast die Kräfte. Der Schweiß stand ihm auf der Stirn. „Ich kann nicht weiter", stöhnte er. „Laßt mich ausruhen!"*

*„Erst wird gelaufen, dann geruht!" sagte sie. „Wer weiß, wofür es gut ist."*

*„Jetzt wirst du unverschämt, Alte", sagte der junge Graf und wollte alle Last abwerfen, aber es ging nicht. Das Bündel war wie festgewachsen, wie er sich auch drehen mochte. Die Alte lachte noch dazu und kicherte: „Ihr seid ja schon ganz rot im Gesicht! Aber ich will Euch auch ein gutes Trinkgeld geben."*

*Da half nichts. Er mußte hinter der Hexe herschleichen, während sie immer flinker wurde und auf einmal einen Satz tat und hoch droben mitten auf dem Lastenbündel thronte. So alt und klein sie war, so schwer war sie doch, und dem Burschen zitterten die Knie. Aber wenn er stehenblieb, schlug sie mit Brennnesseln auf seine Beine. Endlich erreichte er ächzend das Haus der Alten. Ihre Gänse streckten die Hälse und liefen ihr bettelnd entgegen. Hinter ihnen kam eine ältere Bauerntrine, häßlich wie die Nacht. „Ist etwas geschehen, Mütterchen?" fragte sie. „Ihr wart so lange fort." " ….*

Wie geht wohl Ihre Version des Märchens weiter?

Viel Spaß sowie Freude bei den Übungen!

Und bis zur nächsten Schreibwerkstatt wünsche ich Ihnen alles Gute!

**Quellen:**

*Hinführung und Übung 1:*

- Martini, Heidrun in B. Hoffmann/ H. Martini/ U. Martini/ G. Rebel/ H.H.Wickel/ E. Wilhelm (2004): „Gestaltungspädagogik in der Sozialen Arbeit"; S. 271; Paderborn: Verlag Ferdinand Schöningh;

*Hinführung und Übung 2:*

- Martini, Heidrun in B. Hoffmann/ H. Martini/ U. Martini/ G. Rebel/ H.H.Wickel/ E. Wilhelm (2004): „Gestaltungspädagogik in der Sozialen Arbeit"; S. 272; Paderborn: Verlag Ferdinand Schöningh;

*Textvorgabe:*

- Gebrüder Grimm: „Meine schönsten Märchen der Gebrüder Grimm"; S. 105ff; Rastatt: FAVORIT-Verlag;

## 4.23 Schreibwerkstatt „Märchen - Märchenlieblinge"

Herzlich willkommen in der Schreibwerkstatt!

Schön, dass Sie wieder mit dabei sind und sich zum Schreiben inspirieren lassen wollen!

Wir machen heute weiter mit dem Thema Märchen. Die meisten von uns haben sie erzählt bekommen, selbst gelesen oder auch die Märchenfilme im Fernsehen gesehen. Märchen stellen eine Möglichkeit dar, in eine andere Welt abzutauchen, in der es einen Helden oder eine Heldin gibt. Auch wenn diese Prüfungen zu bestehen und Gegner haben, so gehen die Märchen meist gut aus.

Lassen Sie Ihrer Fantasie freien Lauf und seien Sie gespannt, wie es Ihnen selbst beim Schreiben von Märchen geht:

### Übung 1: „Lieblingsmärchenfigur"

Welche Märchenfigur ist Ihr Liebling? Stellen Sie diese kurz schreibend vor und vielleicht möchten Sie auch kurz dazu schreiben, was Sie konkret an dieser so fasziniert.

Schreiben Sie darüber hinaus das Märchen, in dem Ihre Lieblingsmärchenfigur vorkommt, aus dem Gedächtnis auf. Und keine Sorge – wenn Sie sich nicht an alle Einzelheiten erinnern können, ist das nicht so schlimm.

### Übung 2: „Märchensatzfetzen - Märchenmotive"

Aus der Vielzahl der Märchen sind Ihnen sicherlich viele Satzfetzen in Erinnerung geblieben. Auch die Motive vieler Märchen werden Ihnen in Gedächtnis geblieben sein. Notieren Sie sich die, die Ihnen einfallen, auf. Welcher Satzfetzen oder welches Motiv spricht Sie am meisten an? Verwenden Sie dies in einem neuen Märchen.

Viel Spaß sowie Freude bei den Übungen!
Und bis zur nächsten Schreibwerkstatt wünsche ich Ihnen alles Gute!

### Quellen:

*Hinführung und Übung 1:*
- von Werder, Lutz (2007): „Lehrbuch des kreativen Schreibens"; S. 153ff; Wiesbaden: Marix Verlag GmbH;

*Hinführung und Übung 2:*
- von Werder, Lutz (2007): „Lehrbuch des kreativen Schreibens"; S. 153ff; Wiesbaden: Marix Verlag GmbH;

### 4.24 Schreibwerkstatt „Märchen – Märchen selbst geschrieben Teil 1"

Herzlich willkommen in der Schreibwerkstatt!
Ich freue mich, dass Sie wieder mit dabei sind und sich zum Schreiben inspirieren lassen wollen!

Heute werden wir uns weiter mit dem Schreiben von Märchen beschäftigen. Die meisten von uns haben sie erzählt bekommen, selbst gelesen oder auch die Märchenfilme im Fernsehen gesehen. Märchen stellen eine Möglichkeit dar, in eine andere Welt abzutauchen, in der es einen Helden oder eine Heldin gibt. Auch wenn diese Prüfungen zu bestehen und Gegner haben, so gehen die Märchen meist gut aus.

Lassen Sie Ihrer Fantasie freien Lauf und seien Sie gespannt, wie es Ihnen selbst beim Schreiben von Märchen geht:

### Übung 1: „Märchenfigur"

Als erstes brauchen wir für das Märchen, welches wir nun selbst schreiben, eine Märchenfigur – eine Hauptperson. Setzen Sie sich nun ruhig hin und machen Sie Ihre Augen zu. Nach einiger Zeit wird Ihnen eine Märchenfigur in den Sinn kommen.

Weiterhin brauchen wir für das Märchen nicht nur eine Hauptperson, sondern auch einen Gegner. Und Ihre Märchenfigur braucht auch einen Helfer, um den Konflikt mit ihrem Gegner bestehen zu können. Wer könnten Gegner und Helfer sein?

Nehmen Sie sich nun die Zeit und überlegen Sie, wie Ihre Figuren aussehen und welche Eigenschaften sie haben. Sinnvoll ist es hier, Ihrer Märchenfigur und dem Gegner recht unterschiedliche Eigenschaften sowie ein unterschiedliches Aussehen anzudichten.

Zum Beispiel :

| Märchenfigur | Gegner | Helfer |
|---|---|---|
| Schneewittchen | Die böse Stiefmutter | Die sieben Zwerge |

### Übung 2: „Handlung und Handlungsort"

Als nächstes überlegen wir uns eine Handlung für unser Märchen.

Die Märchenfigur wird am Anfang des Märchens einem Konflikt gegenüber stehen. Was für ein Konflikt ist das wohl? Welchen Schwierigkeiten sieht sie sich gegenüber? Und welche „Steine" legt der Gegner ihr in den Weg?

Im nächsten Schritt macht sich die Märchenfigur auf die Suche, denn sie will den Konflikt auflösen. Nur wie schafft sie das? Wie steht der Helfer ihr zur Seite?

Schlussendlich findet sich eine gute Lösung für den Konflikt (oder die Prüfung). Wie sieht diese Lösung aus? Wie wird es wohl mit der Märchenfigur weitergehen? Und was passiert mit ihrem Gegner?

Als Beispiel:

| Anfangskonflikt | Suche | Lösung |
|---|---|---|
| Die böse Stiefmutter trachtet ihr | Schneewittchen flieht und findet | Die sieben Zwerge schützen |

| nach dem Leben und beauftragt einen Jäger, es zu töten. | Zuflucht bei den sieben Zwergen. Dennoch findet die Stiefmutter sie … | sie, können sie aber nicht vor allem schützen. Das Apfelstückchen, durch das Schneewittchen starb, kommt erst wieder aus ihrem Hals hervor, als ihr Sarg bewegt wird. |
| --- | --- | --- |

Darüber hinaus machen wir uns auch Gedanken über den Ort der Handlung. Wo spielt das Märchen (z. B. im Wald, in einer Hütte, in einem Schloss)? Vielleicht wollen Sie Ihr Märchen ja auch an mehreren Orten spielen lassen.

Bedenken Sie bei der Entwicklung Ihres Märchens auch, dass es wichtige Elemente (z. B. magische Orte, verzauberte Wesen, bedeutende Zaubermittel) beinhaltet und sich von einer problematischen Situation in Richtung gutem Ausgang weiterentwickelt.

**Übung 3: „Und fertig ist das Märchen"**

Schreiben Sie nun mithilfe Ihrer in der 1. Übung festgelegten Personen sowie der in der 2. Übung festgelegten Handlung und dem Ort ein Märchen.

Viel Spaß sowie Freude bei den Übungen!

Und bis zur nächsten Schreibwerkstatt wünsche ich Ihnen alles Gute!

**Quellen:**

*Hinführung und Übung 1:*

- von Werder, Lutz (2007): „Lehrbuch des kreativen Schreibens"; S. 153ff; Wiesbaden: Marx Verlag GmbH;

*Hinführung und Übung 2:*

- von Werder, Lutz (2007): „Lehrbuch des kreativen Schreibens"; S. 153ff; Wiesbaden: Marx Verlag GmbH;
- Gebrüder Grimm: „Meine schönsten Märchen der Gebrüder Grimm"; Rastatt: FAVORIT-Verlag;

*Hinführung und Übung 3:*

- von Werder, Lutz (2007): „Lehrbuch des kreativen Schreibens"; S. 153ff; Wiesbaden: Marx Verlag GmbH;

## 4.25 Schreibwerkstatt „Märchen – Märchen selbst geschrieben Teil 2"

Herzlich willkommen in der Schreibwerkstatt!

Schön, dass Sie wieder mit dabei sind und sich mit dem Kreativen Schreiben beschäftigen wollen!

Heute beschäftigen wir uns zum letzten Mal mit dem Schreiben von Märchen. Die meisten von uns haben sie erzählt bekommen, selbst gelesen oder auch die Märchenfilme im Fernsehen gesehen. Märchen stellen eine Möglichkeit dar, in eine andere Welt abzutauchen, in der es einen Helden oder eine Heldin gibt. Auch wenn diese Prüfungen zu bestehen und Gegner haben, so gehen die Märchen meist gut aus.

Lassen Sie Ihrer Fantasie freien Lauf und seien Sie gespannt, wie es Ihnen selbst beim Schreiben von Märchen geht:

### Übung 1: „Märchencluster"

Diese Aufgabe ähnelt den beiden Übungen, die wir in der letzten Schreibwerkstatt zum Schreiben eines Märchens gemacht haben.

Für das Märchencluster brauchen wir zum einen ein Kernwort, welches der Name der Märchenfigur ist. Zum anderen brauchen wir die drei Elemente Anfangskonflikt, Suche und Lösung. Um diese vier Teile herum entwickeln wir unser Märchen, indem wir uns jeden Punkt in unserer Fantasie ausmalen und im Anschluss alle unsere Einfälle zur Märchenfigur, dem Anfangskonflikt, der Suche sowie der Lösung dazuschreiben. Nehmen Sie in Ihre Notizen auch Gegner und Helfer mit auf.

Bedenken Sie auch hier bei der Entwicklung Ihres Märchens, dass es wichtige Elemente (z. B. magische Orte, verzauberte Wesen, bedeutende Zaubermittel) beinhaltet und sich von einer problematischen Situation in Richtung gutem Ausgang weiterentwickelt.

Mithilfe unserer Notizen schreiben wir letztlich unser Märchen.

| Kernwort: Märchenfigur Die Gänsemagd am Brunnen | | |
|---|---|---|
| Ausgangssituation: Vertreibung der Prinzessin aus dem elterlichen Königshaus. | Suche: Ein junger Graf bekommt von einer alten Frau eine Schatulle mit Edelsteinen und bringt diese an den Königshof. | Lösung: Die Königseltern erkennen die Schatulle und machen sich auf dem Weg zur Tochter, die nun ihr Erbe auf andere Art und Weise antreten kann. |

Viel Spaß sowie Freude bei den Übungen!

Und bis zur nächsten Schreibwerkstatt wünsche ich Ihnen alles Gute!

**Quellen:**

*Hinführung und Übung 1:*

- von Werder, Lutz (2007): „Lehrbuch des kreativen Schreibens"; S. 153ff; Wiesbaden: Marix Verlag GmbH;
- Gebrüder Grimm: „Meine schönsten Märchen der Gebrüder Grimm"; S. 105ff; Rastatt: FAVORIT-Verlag;

## 4.26 Schreibwerkstatt „Autobiografisches Schreiben – Ich – Wer bin ich? Teil 1"

Herzlich willkommen in der Schreibwerkstatt!

Schön, dass Sie wieder mit dabei sind und sich zum Schreiben inspirieren lassen wollen!

Während wir uns in den letzten Schreibwerkstätten meist mit vorgegebenen Themen oder Textarten beschäftigt haben, wenden wir uns heute uns selbst zu.

Auch wir haben viel zu erzählen, insbesondere über uns selbst und unser Leben. Zudem haben wir uns im Laufe unseres Lebens viele Erinnerungen, Erfahrungen sowie Erkenntnisse (also Lebenswissen) erworben, die wir mittels dem Schreiben für die Nachwelt bewahren können.

Insbesondere bei den Übungen in dieser und den nachfolgenden Schreibwerkstätten mit dem Thema „Autobiografisches Schreiben" gilt: Alles kann – nichts muss. Fühlen Sie sich also frei, die Übungen so zu machen, wie es sich für Sie am stimmigsten anfühlt. Ihnen steht es also auch frei, sie abzuwandeln oder nicht zu machen.

Wir starten in das Autobiografische Schreiben mit den folgenden Übungen:

### Übung 1: „Der Satz hinter meinem Namen"

Bei dieser Übung schreiben Sie die Buchstaben Ihres Vor- sowie Ihres Familiennamens untereinander auf einem Blatt auf. Diese Buchstaben dienen als Anfangsbuchstaben für neue Wörter. Wenn Sie wollen, können Sie die Wörter so wählen, dass diese etwas über Sie (z. B. über Ihr Aussehen, Ihre Eigenschaften) aussagen. Letztlich können Sie mit diesen Wörtern auch Sätze bilden oder vielleicht sogar einen kleinen Text schreiben.

### Übung 2: „Die Geschichte meines Namens"

Auch Ihr eigener Vorname hat eine Geschichte, die meist mit einer besonderen Person (z. B. Namenspatron oder Familienangehöriger) verbunden ist. Sie können diese im Rahmen der Übung aufschreiben oder, wenn es Ihnen lieber ist, eine neue Geschichte über Ihren Namen erfinden.

**Übung 3: „Alphabet der Vorlieben und Abneigungen"**

Nun beschäftigen wir uns mit unseren Vorlieben und Abneigungen. Dazu schreiben wir zuerst alle Buchstaben des Alphabets untereinander auf und dann in zwei Spalten (eine für die Vorlieben, die andere für die Abneigungen) jeweils, was uns zum jeweiligen Buchstaben einfällt. Wenn Sie wollen, können Sie auch daraus einen Text schreiben.

*(vgl. Gatti, H. (1979): „Schüler schreiben Gedichte"; Freiburg; zitiert nach von Werder, Lutz (2007): „Lehrbuch des kreativen Schreibens"; S. 98ff; Wiesbaden: Marix Verlag GmbH)*

Viel Spaß sowie Freude bei den Übungen!

Und bis zur nächsten Schreibwerkstatt wünsche ich Ihnen alles Gute!

**Quellen:**

*Hinführung und Übung 1:*
- von Werder, Lutz (2007): „Lehrbuch des kreativen Schreibens"; S. 98ff; Wiesbaden: Marix Verlag GmbH;

*Hinführung und Übung 2:*
- von Werder, Lutz (2007): „Lehrbuch des kreativen Schreibens"; S. 98ff; Wiesbaden: Marix Verlag GmbH;

*Hinführung und Übung 3:*
- von Werder, Lutz (2007): „Lehrbuch des kreativen Schreibens"; S. 98ff; Wiesbaden: Marix Verlag GmbH;

## 4.27 Schreibwerkstatt „Autobiografisches Schreiben – Ich und meine Familie"

Herzlich willkommen in der Schreibwerkstatt!

Ich freue mich, dass Sie wieder mit dabei sind und sich zum Schreiben inspirieren lassen wollen!

In der letzten Schreibwerkstatt haben wir mit dem Autobiografischen Schreiben begonnen. Während wir uns da mit unserem Namen sowie unseren Vorlieben und Abneigungen beschäftigt haben, wenden wir uns heute unserer Familie zu. Denn auch hier gibt es von jedem von uns viel zu erzählen.

Auch bei den Übungen in dieser Schreibwerkstatt mit dem Thema „Autobiografisches Schreiben" gilt: Alles kann – nichts muss. Fühlen Sie sich also frei, die Übungen so zu machen, wie es sich für

Sie am stimmigsten anfühlt. Ihnen steht es also auch frei, sie abzuwandeln oder nicht zu machen.

Wir machen weiter im Rahmen des Autobiografischen Schreibens mit den folgenden Übungen:

### Übung 1: „Unsere Familiengeschichte"

Diese Übung beginnen wir mit einer Zeichnung. Und zwar zeichnen wir zuerst einmal einen Stammbaum für die eigene Geschichte sowie Familie auf. Sie können aber auch einen Stammbaum Ihrer Freunde zeichnen oder einen fiktiven Stammbaum zu Papier bringen, ganz wie Sie es wollen. Schreiben Sie nun über alle Personen, die in Ihrem Stammbaum erwähnt sind, ein paar Sätze.

### Übung 2: „Hörensagen"

Auch in Ihrer Familie wird es Geschichten oder Anekdoten geben, die Sie nicht selbst (mit-) erlebt haben, sondern nur von Erzählungen her kennen. Schreiben Sie eine solche Geschichte auf.

### Übung 3: „Schreiben zu Schreibbildern"

Schreibbilder laden Sie zum einen ein, sie malend zu ergänzen. Zum anderen können Sie sich von ihnen zum Fantasieren und Schreiben anregen lassen.

Ausgehend von dem obigen Bild (man möge mir auch an dieser Stelle meine eher seltsame Zeichnung einer Ahnengalerie verzeihen) können Sie sich vorstellen, Sie würden vor einer Ahnengalerie stehen. Und diese enthält Bilder von Ihren eigenen Vorfahren. Wie sind Sie mit diesen genau verwandt? Was waren es für Menschen? Wie und wo haben sie gelebt? Welche Fragen würden Sie ihnen gerne stellen?

Viel Spaß sowie Freude bei den Übungen!
Und bis zur nächsten Schreibwerkstatt wünsche ich Ihnen alles Gute!

### Quellen:

*Hinführung und Übung 1:*
- von Werder, Lutz (2007): „Lehrbuch des kreativen Schreibens"; S. 99; Wiesbaden: Marix

Verlag GmbH;

*Hinführung und Übung 2:*

- von Werder, Lutz (2007): „Lehrbuch des kreativen Schreibens"; S. 101; Wiesbaden: Marix Verlag GmbH;

*Hinführung und Übung 3:*

- von Werder, Lutz (2007): „Lehrbuch des kreativen Schreibens"; S. 232ff; Wiesbaden: Marix Verlag GmbH;

## 4.28 Schreibwerkstatt „Autobiografisches Schreiben – Ich und die Anderen"

Herzlich willkommen in der Schreibwerkstatt!

Schön, dass Sie wieder mit dabei sind und sich mit dem Kreativen Schreiben beschäftigen wollen!

Derzeit setzen wir uns in der Schreibwerkstatt mit dem Autobiografischen Schreiben auseinander. Jeder von uns ist Teil einer Familie. Darüber hinaus pflegen wir Beziehungen zu anderen Menschen, zum Beispiel unseren Freunden. Und über diese werden wir heute schreiben.

Auch bei den Übungen in dieser Schreibwerkstatt mit dem Thema „Autobiografisches Schreiben" gilt: Alles kann – nichts muss. Fühlen Sie sich also frei, die Übungen so zu machen, wie es sich für Sie am stimmigsten anfühlt. Ihnen steht es also auch frei, sie abzuwandeln oder nicht zu machen.

Lassen Sie sich von den folgenden Übungen zum Schreiben anregen:

### Übung 1: „Meine Lieblingsmenschen"

Wer sind wohl Ihre Lieblingsmenschen? Und wieso?

Schreiben Sie eine Liste mit den Menschen auf, die Sie mögen oder lieben. Nennen Sie dabei nicht nur die Namen dieser Personen, sondern schreiben Sie auch dazu, wieso das so ist.

Zum Beispiel:

Margot mag ich, weil sie mir so gut zuhören kann.

Und Fritz, weil ich mit ihm so gut schweigen kann.

### Übung 2: „Meine wichtigsten Personen"

Schreiben Sie die Namen der für Sie wichtigsten Personen in Ihrem Leben auf. Lassen Sie sich hierfür ruhig Zeit.

Nach dem Aufschreiben der Namen wählen Sie aus diesen drei Personen aus, welche auf Sie besonders wichtig wirken. Überlegen Sie sich, was Ihnen zu diesen dreien alles einfällt und schreiben Sie es stichpunktartig auf.

Danach wählen Sie aus diesen letzten Notizen die Person aus, mit der Sie sich nun etwas intensiver auseinander setzen wollen. Schreiben Sie mithilfe Ihrer gemachten Stichpunkte über diese Person eine wahre oder auch fiktive Geschichte.

**Übung 3: „Mein wichtigster Freund / Meine wichtigste Freundin"**

Bei der folgenden Übung werden wir uns zuerst einmal überlegen, wer unser wichtigster Freund oder unsere wichtigste Freundin ist. Diese Person wollen wir nun schreibend mit allem, was uns zu ihr einfällt, vorstellen.

Viel Spaß sowie Freude bei den Übungen!

Und bis zur nächsten Schreibwerkstatt wünsche ich Ihnen alles Gute!

**Quellen:**

*Hinführung und Übung 1:*

- Pachl-Eberhart, Barbara (2017): „Federleicht. Die kreative Schreibwerkstatt. Wie die Kraft Ihrer Worte zur Lebenskraft wird."; S. 355ff; München: Integral Verlag;

*Hinführung und Übung 2:*

- Heimes, Silke (2008): „Kreatives und therapeutisches Schreiben. Ein Arbeitsbuch"; S. 93ff; Göttingen: Vandenhoeck & Ruprecht GmbH & Co. KG;

*Hinführung und Übung 3:*

- von Werder, Lutz (2007): „Lehrbuch des kreativen Schreibens"; S. 271; Wiesbaden: Marix Verlag GmbH;

**4.29 Schreibwerkstatt „Autobiografisches Schreiben – Ich – Wer bin ich? Teil 2"**

Herzlich willkommen in der Schreibwerkstatt!

Schön, dass Sie wieder mit dabei sind und sich mit dem Kreativen Schreiben beschäftigen wollen!

Derzeit setzen wir uns in der Schreibwerkstatt mit dem Autobiografischen Schreiben auseinander. Heute wenden wir uns wieder unserer eigenen Person zu, genauer gesagt unserer Schul- und Berufslaufbahn sowie dem, was wir gut können.

Auch bei den Übungen in dieser Schreibwerkstatt mit dem Thema „Autobiografisches Schreiben" gilt: Alles kann – nichts muss. Fühlen Sie sich also frei, die Übungen so zu machen, wie es sich für Sie am stimmigsten anfühlt. Ihnen steht es also auch frei, sie abzuwandeln oder nicht zu machen.

Lassen Sie sich nun einfach von den folgenden Übungen zum Schreiben anregen:

**Übung 1: „Meine Schul- und Berufszeit"**

Jeder von uns ging in die Schule und wählte dann im Anschluss einen Beruf. Ein großer Lebensbereich, über den jeder von uns viel zu erzählen hat.

Zuerst wollen wir uns unserer Schulzeit mittels einem Schulzeit-Cluster nähern: Wir schreiben in die Mitte eines Blattes das Kernwort „Meine Schulzeit" und nehmen uns dann die Zeit, um uns unsere Schulzeit mit allen Höhen und Tiefen vorzustellen. Aus den Erinnerungen, die wir dann um das Kernwort herum schreiben, werden wir einen Text machen.

Und auch für unser Berufsleben werden wir ein Cluster wie oben beschrieben anlegen und daraus einen Text erstellen.

**Übung 2: „Was ich kann"**

Diese Übung will Sie dazu anregen, stolz auf sich selbst zu sein und auf dass, was Sie können. Denn Sie schreiben nun eine Liste mit fünf Dingen, die Sie besser können als die meisten anderen Menschen. Was sind die fünf Dinge, die Sie besser können als andere? Schreiben Sie diese in Ihrer schönsten Schrift auf.

Viel Spaß sowie Freude bei den Übungen!
Und bis zur nächsten Schreibwerkstatt wünsche ich Ihnen alles Gute!

**Quellen:**

*Hinführung und Übung 1:*

- von Werder, Lutz (2007): „Lehrbuch des kreativen Schreibens"; S. 270ff; Wiesbaden: Marix Verlag GmbH;

*Hinführung und Übung 2:*

- Pachl-Eberhart, Barbara (2017): „Federleicht. Die kreative Schreibwerkstatt. Wie die Kraft Ihrer Worte zur Lebenskraft wird."; S. 362; München: Integral Verlag;

**4.30 Schreibwerkstatt „Autobiografisches Schreiben – Ich und meine Geschichte"**

Herzlich willkommen in der Schreibwerkstatt!

Schön, dass Sie wieder mit dabei sind und sich mit dem Kreativen Schreiben beschäftigen wollen!

Derzeit setzen wir uns in der Schreibwerkstatt mit dem Autobiografischen Schreiben auseinander. Wir wenden uns dieses Mal unserer eigenen Lebensgeschichte sowie der Geschichte unserer Generation zu. Denn diese bieten eine Vielzahl an Interessantem, was es zu bewahren gilt.

Auch bei den Übungen in dieser Schreibwerkstatt mit dem Thema „Autobiografisches Schreiben" gilt: Alles kann – nichts muss. Fühlen Sie sich also frei, die Übungen so zu machen, wie es sich für Sie am stimmigsten anfühlt. Ihnen steht es also auch frei, sie abzuwandeln oder nicht zu machen.

Lassen Sie sich nun einfach von den folgenden Übungen zum Schreiben anregen:

**Übung 1: „Kurzbiografie meiner Generation"**
Diese Übung beginnen wir mit einer Zeichnung. Und zwar werden wir die Kurzbiografie unserer jeweiligen Generation aufzeichnen. Dazu schreiben wir zur besseren Orientierung im unteren Bereich eines Blattes die Lebensphasen Kindheit, Jugend, frühes, mittleres und spätes Lebensalter. Auf der linken Seite tragen Sie eine Gefühlsskala von eins bis zehn ein. Nun zeichnen Sie die Gefühlslinie Ihrer Generation in diese Grafik ein und erzählen in einem Text darüber, wieso diese Gefühlslinie so verläuft.

**Übung 2: „Entlang einer Autobiographie"**
Was waren die wichtigsten Ereignisse, die Ihr Leben stark beeinflusst haben? Überlegen Sie sich zu jedem dieser Ereignisse ein Wort und wählen aus der dann entstehenden Liste das für Sie wichtigste Wort aus. Im Anschluss erzählen Sie in einem Text über dieses Wort und das dazugehörige Ereignis.

**Übung 3: „Mein Lebensbaum"**
Auch dieses Mal werden wir zuerst zeichnen, bevor es ans Schreiben geht. Wir zeichnen nämlich unseren Lebensbaum und beginnen mit dem Stamm, welcher für unsere Geburt stehen soll. Vom Stamm weg gehen nun die Äste. Und diese unterscheiden wir zum einen in Hauptäste für den Lebensweg, den wir gegangen sind, und zum anderen in Nebenäste, welche für die Wege stehen, welche wir nicht beschritten haben. Im Anschluss beschriften wir alle Äste. Wenn Sie wollen, können Sie aus Ihren Notizen auch einen Text erstellen.

Viel Spaß sowie Freude bei den Übungen!
Und bis zur nächsten Schreibwerkstatt wünsche ich Ihnen alles Gute!

**Quellen:**
*Hinführung und Übung 1:*

- von Werder, Lutz (2007): „Lehrbuch des kreativen Schreibens"; S. 272ff; Wiesbaden: Marix Verlag GmbH;

*Hinführung und Übung 2:*

- von Werder, Lutz (2007): „Lehrbuch des kreativen Schreibens"; S. 69; Wiesbaden: Marix Verlag GmbH;

*Hinführung und Übung 3:*

- von Werder, Lutz (2007): „Lehrbuch des kreativen Schreibens"; S. 273; Wiesbaden: Marix Verlag GmbH;

## 4.31 Schreibwerkstatt „Autobiografisches Schreiben – Ich – Wer bin ich – Teil 3"

Herzlich willkommen in der Schreibwerkstatt!

Ich freue mich, dass Sie wieder mit dabei sind und sich zum Schreiben inspirieren lassen wollen!

Heute geht es in der Schreibwerkstatt weiter mit dem Autobiografischen Schreiben. Dieses Mal setzen wir uns mit unseren Sinnschätzen sowie Erkenntnissen unseres Lebens schreibend auseinander.

Auch bei den Übungen in dieser Schreibwerkstatt mit dem Thema „Autobiografisches Schreiben" gilt: Alles kann – nichts muss. Fühlen Sie sich also frei, die Übungen so zu machen, wie es sich für Sie am stimmigsten anfühlt. Ihnen steht es also auch frei, sie abzuwandeln oder nicht zu machen.

Lassen Sie sich nun einfach von den folgenden Übungen zum Schreiben anregen:

### Übung 1: „Sinnschätze"

Jeder von uns sucht(e) in seinem Leben nach Sinn, und häufig haben wir ihn auch gefunden. Was ist der Sinnschatz Ihres Lebens? Das können Grundsätze, Sprichwörter oder auch philosophische Gedanken sein. Schreiben Sie diesen Sinnschatz auf und erklären Sie kurz, was es damit auf sich hat.

### Übung 2: „Vergewisserung"

Für diese Übung empfiehlt es sich, wenn Sie sich viel Zeit nehmen. Denn bei dieser Übung werden wir die Erkenntnisse unseres Lebens aufschreiben. Dazu brauchen wir Zeit und auch Ruhe, damit wir in uns selbst hinein hören können. Denn nur so können wir unsere eigene Stimme zu Wort kommen lassen und unser eigenes Wissen letztlich auch wahrnehmen.

Wenn sich ein Satz eingestellt hat, schreiben Sie ihn nieder. Lassen Sie sich Zeit für weitere Sätze.

Diese können Sie zum Beispiel beginnen mit „Was ich weiß …" oder „Was ich glaube ...".

### Übung 3: „Ermutigung"

Zum Abschluss unserer heutigen Schreibwerkstatt schauen wir noch einmal auf unsere Texte, die wir dieses Mal geschrieben haben. Wir nehmen uns etwas Zeit sowie Ruhe und warten: Was diese uns wohl sagen wollen? Welche Botschaft haben diese für uns?

Viel Spaß sowie Freude bei den Übungen!
Und bis zur nächsten Schreibwerkstatt wünsche ich Ihnen alles Gute!

**Quellen:**

*Hinführung und Übung 1:*

- von Werder, Lutz (2007): „Lehrbuch des kreativen Schreibens"; S. 273; Wiesbaden: Marix Verlag GmbH;

*Hinführung und Übung 2:*

- Pachl-Eberhart, Barbara (2017): „Federleicht. Die kreative Schreibwerkstatt. Wie die Kraft Ihrer Worte zur Lebenskraft wird."; S. 361; München: Integral Verlag;

*Hinführung und Übung 3:*

- Pachl-Eberhart, Barbara (2017): „Federleicht. Die kreative Schreibwerkstatt. Wie die Kraft Ihrer Worte zur Lebenskraft wird."; S. 362; München: Integral Verlag;

**4.32 Schreibwerkstatt „Autobiografisches Schreiben – Ich, mein Körper und das Alter"**
Herzlich willkommen in der Schreibwerkstatt!
Schön, dass Sie wieder mit dabei sind und sich mit dem Kreativen Schreiben auseinander setzen wollen!

Auch heute geht es in der Schreibwerkstatt weiter mit dem Autobiografischen Schreiben. Wir beschäftigen uns dieses Mal mit unserem Körper sowie dem Alter. Und darüber gibt es auch einiges zu erzählen.

Auch bei den Übungen in dieser Schreibwerkstatt mit dem Thema „Autobiografisches Schreiben" gilt: Alles kann – nichts muss. Fühlen Sie sich also frei, die Übungen so zu machen, wie es sich für Sie am stimmigsten anfühlt. Ihnen steht es also auch frei, sie abzuwandeln oder nicht zu machen.

Lassen Sie sich nun einfach von den folgenden Übungen zum Schreiben anregen:

**Übung 1: „Körpergeschichte"**

In dieser Übung werden wir die Geschichte unseres Körpers aufschreiben. Welche Entwicklungsschritte hat er bewältigt? Hat er auch einmal überraschenderweise Selbstheilungskräfte an den Tag gelegt? Welche sonstigen Besonderheiten gibt es über ihn zu berichten?

Wenn es Ihnen hilft, können Sie sich bei dieser Übung der Clustermethode bedienen. Dazu schreiben Sie das Reizwort „Mein Körper" in die Mitte und alle Dinge, die Ihnen dazu einfallen drumherum. Aus Ihren Einfällen können Sie dann Ihren Text schreiben.

**Übung 2: „Mein 100. Geburtstag"**

Nicht alle Menschen, aber dennoch einige erreichen ein hohes Lebensalter.

Stellen Sie sich vor, Sie werden 100 Jahre alt und feiern diesen besonderen Geburtstag. Erzählen Sie in Ihrem Text über Ihren Geburtstag. Wie erleben Sie ihn und wie feiern Sie? Wer sind Ihre Gäste?

Viel Spaß sowie Freude bei den Übungen!
Und bis zur nächsten Schreibwerkstatt wünsche ich Ihnen alles Gute!

**Quellen:**

*Hinführung und Übung 1:*
- von Werder, Lutz (2007): „Lehrbuch des kreativen Schreibens"; S. 273; Wiesbaden: Marix Verlag GmbH;

*Hinführung und Übung 2:*
- von Werder, Lutz (2007): „Lehrbuch des kreativen Schreibens"; S. 273; Wiesbaden: Marix Verlag GmbH;

**4.33 Schreibwerkstatt „Autobiografisches Schreiben – Ich und die Liebe"**
Herzlich willkommen in der Schreibwerkstatt!
Ich freue mich, dass Sie wieder mit dabei sind und sich zum Schreiben inspirieren lassen wollen!

Wir beschäftigen uns heute zum vorletzten Mal in dieser Schreibwerkstatt mit dem Autobiografischen Schreiben. Da die Liebe einen doch recht großen Platz in unserem Leben einnimmt, werden wir uns heute mit ihr beschäftigen. Denn auch darüber gibt es einiges zu erzählen.

Auch bei den Übungen in dieser Schreibwerkstatt mit dem Thema „Autobiografisches Schreiben" gilt: Alles kann – nichts muss. Fühlen Sie sich also frei, die Übungen so zu machen, wie es sich für Sie am stimmigsten anfühlt. Ihnen steht es also auch frei, sie abzuwandeln oder nicht zu machen.

Lassen Sie sich nun einfach von den folgenden Übungen zum Schreiben anregen:

**Übung 1: „Symbol der Liebe"**

Wenn Sie die Liebe mit einem Symbol darstellen wollen würden, wie würde dieses aussehen? Entwerfen Sie es und schreiben Sie einen Satz hierzu. Vielleicht mögen Sie diesen mit den Worten „Liebe ist …" beginnen.

**Übung 2: „Wie die Liebe in die Welt kam"**

Was glauben Sie: Wie kam die Liebe in die Welt? Nehmen Sie sich ruhig Zeit für Ihre Überlegungen hierzu und schreiben Sie eine Geschichte darüber, wie die Liebe in die Welt kam. Wenn es Ihnen leichter fällt, können Sie sich dabei der Clustermethode bedienen. Das heißt: Sie notieren um das Reizwort „Wie die Liebe in die Welt kam" die Einfälle auf und schreiben daraus einen Text.

Viel Spaß sowie Freude bei den Übungen!
Und bis zur nächsten Schreibwerkstatt wünsche ich Ihnen alles Gute!

**Quellen:**

*Hinführung und Übung 1:*

- von Werder, Lutz (2007): „Lehrbuch des kreativen Schreibens"; S. 274; Wiesbaden: Marix Verlag GmbH;

*Hinführung und Übung 2:*

- von Werder, Lutz (2007): „Lehrbuch des kreativen Schreibens"; S. 273; Wiesbaden: Marix Verlag GmbH;

**4.34 Schreibwerkstatt Autobiografisches Schreiben – Ich**

Herzlich willkommen in der Schreibwerkstatt!
Ich freue mich, dass Sie wieder mit dabei sind und sich zum Schreiben inspirieren lassen wollen!

Dieses Mal beschäftigen wir uns zum letzten Mal in der Schreibwerkstatt mit dem

Autobiografischen Schreiben. In unserem Leben gibt es Freuden und Dinge, für die wir dankbar sind. Und darüber werden wir heute schreiben.

Auch bei den Übungen in dieser Schreibwerkstatt mit dem Thema „Autobiografisches Schreiben" gilt: Alles kann – nichts muss. Fühlen Sie sich also frei, die Übungen so zu machen, wie es sich für Sie am stimmigsten anfühlt. Ihnen steht es also auch frei, sie abzuwandeln oder nicht zu machen.

Lassen Sie sich nun einfach von den folgenden Übungen zum Schreiben anregen:

**Übung 1: „Brief an meine Ururoma"**
Auch wenn unsere Ururoma nicht mehr lebt, so wollen wir sie dennoch an unserem Leben und unseren Freuden teilhaben lassen. Schreiben Sie ihr deshalb einen Brief in den Himmel. Erzählen Sie ihr über Ihre Freuden und Ihr Leben in diesem, unserem Jahrhundert. Dabei können Sie Redewendungen wie „Heutzutage ...", „Auch wenn du es dir nicht vorstellen kannst ..." oder „Du musst wissen, ..." verwenden.
Was würde Ihre Ururoma wohl über den Inhalt Ihres Briefes denken?

**Übung 2: „Urenkel-Geschichte"**
Stellen Sie sich vor, Sie wären eine Uroma. Sie sind vielleicht nicht mehr ganz so körperlich fit, aber geistig macht Ihnen keiner etwas vor. Nun besucht Sie Ihr fünfjähriges Urenkelkind und Sie erzählen ihm von etwas, was Ihnen früher eine Freude und Sie somit dankbar gemacht hat. Schreiben Sie auf, was Sie Ihrem Urenkelkind erzählen und stellen Sie sich vor, es würde Ihnen begeistert zuhören. Verwenden Sie beim Schreiben am besten die Vergangenheitsform.

**Übung 3: „Danke schön"**
Mit dieser letzten Übung wollen wir uns beim heutigen Tag bedanken, denn er hat uns doch so manches geschenkt oder bewusst gemacht. Schreiben Sie ihm deshalb einen Brief, indem Sie sich hierfür bedanken.

Viel Spaß sowie Freude bei den Übungen!
Und bis zur nächsten Schreibwerkstatt wünsche ich Ihnen alles Gute!

**Quellen:**
*Hinführung und Übung 1:*
- Pachl-Eberhart, Barbara (2017): „Federleicht. Die kreative Schreibwerkstatt. Wie die Kraft Ihrer Worte zur Lebenskraft wird."; S. 357ff; München: Integral Verlag;
*Hinführung und Übung 2:*

- Pachl-Eberhart, Barbara (2017): „Federleicht. Die kreative Schreibwerkstatt. Wie die Kraft Ihrer Worte zur Lebenskraft wird."; S. 357; München: Integral Verlag;

*Hinführung und Übung 3:*

- Pachl-Eberhart, Barbara (2017): „Federleicht. Die kreative Schreibwerkstatt. Wie die Kraft Ihrer Worte zur Lebenskraft wird."; S. 362; München: Integral Verlag;

## 5. Statt eines Schlusswortes

Was ich mir wünsche:

- Dass dieses Buch Menschen dazu anregt, sich Gedanken über ihr Leben und ihre Erinnerungen zu machen.

- Dass Menschen darauf aufbauend einander insbesondere am eigenen Leben und Lebenswissen teilhaben lassen und das erfahrene Lebenswissen nutzen, sodass dieses nicht in Vergessenheit gerät.

 - Dass also niemals mehr ganze „Lebenswissens-" Bibliotheken verbrennen, nur weil ein Mensch stirbt.

# Quellenverzeichnis

- Bauer, Brigitte (2011): „Das narrative Interview als Weg zum biografischen Verstehen studierender MigrantInnen am Beispiel eines Projektstudienangebots", in Hölzle, Christina; Jansen, Irma (Hrsg.) (2011): „Ressourcenorientierte Biografiearbeit. Grundlagen, Zielgruppen, Kreative Methoden.", Wiesbaden: VS Verlag für Sozialwissenschaften;

- Cramer, Barbara; Thöne-Otto, Angelika; Walper, Sabine; Kurz, Alexander (2010): „Biografiearbeit bei leichtgradiger Demenz", online unter: www.qualitative-forschung.de/methodentreffen/archiv/poster/poster.../cramer.pdf, zuletzt eingesehen am 26.10.2017;

- Dahlemann, Petra (2004): „Grundlagen. Wozu biografisch arbeiten? Schreiben in der Gruppe", in Sautter, Sabine (Hg) – Evangelisches Bildungswerk München (EBW) (2004): „Leben erinnern. Biografiearbeit mit Älteren", Neu-Ulm: AG SPAK Bücher;

- Gebrüder Grimm: „Meine schönsten Märchen der Gebrüder Grimm"; Rastatt: FAVORIT-Verlag;

- Gudjons, Herbert; Wagener-Gudjons, Birgit; Pieper, Marianne (2008): „Auf meinen Spuren. Übungen zur Biografiearbeit", Bad Heilbrunn: Verlag Julius Klinkhardt;

- Hanses, Andreas; Richter, Petra (2011): „Die soziale Konstruktion von Krankheit.", in Oelerich, Gertrud; Otto, Hans-Uwe (Hrsg.) (2011): „Empirische Forschung und Soziale Arbeit"; Wiesbaden: VS Verlag für Sozialwissenschaften – Springer Fachmedien;

- Heimes, Silke (2008): „Kreatives und therapeutisches Schreiben. Ein Arbeitsbuch"; S. 93ff; Göttingen: Vandenhoeck & Ruprecht GmbH & Co. KG;

- Hense, Margarita (2016), „Das Erzählcafé. Themen und Ideen für lebendiges Erinnern und Gedächtnistraining mit Senioren.", München: Don Bosco Medien GmbH;

- Hense, Margarita (2018): „Lichtspielhaus und Liebestöter. Heiteres Gedächtnistraining in Seniorengruppen.", München: Don Bosco Medien GmbH;

- Hölzle, Christina (2011): „Gegenstand und Funktion von Biografiearbeit im Kontext Sozialer Arbeit", in Hölzle, Christina; Jansen, Irma (Hrsg.) (2011): „Ressourcenorientierte Biografiearbeit. Grundlagen, Zielgruppen, Kreative Methoden.", Wiesbaden: VS Verlag für Sozialwissenschaften;

- Klingenberger, Hubert (2003): „Lebensmutig. Vergangenes erinnern. Gegenwärtiges entdecken. Künftiges entwerfen.", München: Don Bosco Verlag;

- Kobler, Norbert (2016): „Lebensspuren. Erzählkarten für Biografiearbeit, Gedächtnistraining und Erzählcafés"; München: Don Bosco Medien GmbH;

- Martini, Heidrun in B. Hoffmann/ H. Martini/ U. Martini/ G. Rebel/ H.H.Wickel/ E. Wilhelm

(2004): „Gestaltungspädagogik in der Sozialen Arbeit"; Paderborn: Verlag Ferdinand Schöningh;

- Miethe, Ingrid (2014): „Biografiearbeit. Lehr- und Handbuch für Studium und Praxis.", Weinheim und Basel: Beltz Juventa;

- Opitz, Hanne (1998): „Biographie-Arbeit im Alter", Würzburg: ERGON Verlag;

- Pachl-Eberhart, Barbara (2017): „Federleicht. Die kreative Schreibwerkstatt. Wie die Kraft Ihrer Worte zur Lebenskraft wird."; München: Integral Verlag;

- Ruhe, Hans Georg (2012): „Methoden der Biografiearbeit. Lebensspuren entdecken und verstehen.", Weinheim und Basel: Beltz Juventa;

- Ruhe, Hans Georg (2014): „Praxishandbuch Biografiearbeit. Methoden, Themen und Felder.", Weinheim und Basel: Beltz Juventa;

- Stadler, Heidi (2013): „Eine Veränderung kommt selten allein"; Münster: sonderpunkt Verlag;

- von Werder, Lutz (2007): „Lehrbuch des kreativen Schreibens"; Wiesbaden: Marix Verlag GmbH;

- Wickel, Hans Hermann (2011): „Biografiearbeit mit dementiell erkrankten Menschen", in Hölzle, Christina; Jansen, Irma (Hrsg.) (2011): „Ressourcenorientierte Biografiearbeit. Grundlagen, Zielgruppen, Kreative Methoden.", Wiesbaden: VS Verlag für Sozialwissenschaften;

- Wiemann, Irmela (2011): „Biografiearbeit mit Adoptiv- und Pflegekindern", in Hölzle, Christina; Jansen, Irma (Hrsg.) (2011): „Ressourcenorientierte Biografiearbeit. Grundlagen, Zielgruppen, Kreative Methoden.", Wiesbaden: VS Verlag für Sozialwissenschaften;

- *vgl. Bloch, E. (1959): „Grundsätzliche Unterschiede der Tagträume von den Nachtträumen", In: ders.: Prinzip Hoffnung; Frankfurt/Main; zitiert nach: von Werder, Lutz (2007): „Lehrbuch des kreativen Schreibens"; S. 193ff; Wiesbaden: Marix Verlag GmbH;*

- *vgl. Gatti, H. (1979): „Schüler schreiben Gedichte"; Freiburg; zitiert nach von Werder, Lutz (2007): „Lehrbuch des kreativen Schreibens"; S. 98ff; Wiesbaden: Marix Verlag GmbH;*

- *vgl. Grümmer G. (1988): „Spielformen der Poesie"; Leipzig; zitiert nach von Werder, Lutz (2007): „Lehrbuch des kreativen Schreibens"; S. 218; Wiesbaden: Marix Verlag GmbH;*

- *vgl. Oulipo (1988): „Atlas de Literature potenielle"; Paris; zitiert nach von Werder, Lutz (2007): „Lehrbuch des kreativen Schreibens"; Wiesbaden: Marix Verlag GmbH;*

- *vgl. Schalk G. / Rolfes B. (1985): „Schreiben befreit"; Bonn; zitiert nach von Werder, Lutz (2007): „Lehrbuch des kreativen Schreibens"; S. 99; Wiesbaden: Marix Verlag GmbH;*

- *vgl. Schumann, O. (1983): „Grundlagen und Techniken der Schreibkunst"; Wilhelmshaven; zitiert nach von Werder, Lutz (2007): „Lehrbuch des kreativen Schreibens"; S. 221; Wiesbaden: Marix Verlag GmbH;*

- *vgl. Spinner; K.H. (1985): „Phantasieren Personen beschreiben"; In: Praxis Deutsch 74, S. 38ff; zitiert nach von Werder, Lutz (2007): „Lehrbuch des kreativen Schreibens"; S. 111; Wiesbaden: Marix Verlag GmbH;*

- *vgl. Spinner; K.H. (1986): „Produktionsaufgaben zu Kurz- und Kürzestgeschichten", In: Praxis Deutsch 75, S. 13; zitiert nach von Werder, Lutz (2007): „Lehrbuch des kreativen Schreibens"; S. 111; Wiesbaden: Marix Verlag GmbH;*

- *vgl. Waldmann, G. (1980): „Literatur zur Unterhaltung"; Bd. 1; Reinbek; zitiert nach von Werder, Lutz (2007): „Lehrbuch des kreativen Schreibens"; S. 149ff; Wiesbaden: Marix Verlag GmbH;*

- *Tabelle (gekürzt) aus: Waldmann G. (1981): „Literatur zur Unterhaltung"; Bd. 1, Reinbek; zitiert nach von Werder, Lutz (2007): „Lehrbuch des kreativen Schreibens"; S. 187ff; Wiesbaden: Marix Verlag GmbH;*